성공의 길 H · I · M

중소벤처 휴머노믹스

이정희/김경준/서정희 지음

성공의 길 H·I·M

중소벤처
휴머노믹스

이정희/김경준/서정희 지음

개미

이 책은 우리나라 경제의 중심인 중소벤처 기업에 대하여 새로운 성장 동력인 힘(HIM)에 대한 개념을 제시하고 이와 관련한 다양한 이슈 및 휴머노믹스 액션플랜을 제시하고자 한다.

중소벤처 기업이라고 하면 '9988'이라는 숫자를 떠올리게 된다. '99'는 중소기업이 대한민국에서 차지하는 기업체 수 비중을, '88'은 중소기업에 다니는 근로자 비중을 의미하며 이는 중소기업의 우리 경제의 핵심이라는 의미이다. 하지만 중소벤처 기업의 현주소는 적색 신호등이 켜진 상태로 많은 시간이 지나고 있다. 그렇다면 우리는 어떻게 미래 성장동력을 찾아야 할지 진지한 고민을 해야 한다.

바로 HIM으로 대변되는 사람중심과 혁신, 그리고 시장을 중심으로 성공의 길을 모색해야 할 것이다. 이는, 사람에 대한 투자와 존중을 통해 맡은 업무에 대한 몰입도를 높이는 사람중심의 휴먼 (Human), 혁신적인 솔루션을 개발하는 이노베이션(Innovation), 폭넓은 배후시장을 활용한 마켓(Market), 이른바 힘(HIM)의 법칙으로 성장해야 한다는 것이다. 또한 디지털 기술과 플랫폼 출현으로 글로벌 시장을 격변시키는 '긱 이코노미(Gig Economy)'를 활용함으로써 혁신의 길로 나아갈 수 있을 것이다.

개인의 성과가 모여 조직이 제 기능을 발휘하면 모든 분야에 대한 파급력이 커진다. 그러기 위해선 사람에 대한 투자를 통해 인재를 춤추게 하는 동기부여가 필요하다. 일하게 하는 힘은 인센티브지만, 이는 금전적인 것만을 의미하지 않는다.

좋은 기업문화와 근무환경, 미래비전을 줄 수 있다면 근무 의욕을 고취시킬 수 있을 것이며, 혁신은 물론 성과까지 높아질 것이다. 사람의 개념을 전환하고, 범위를 확대해 외부자원을 끌어들이는 긱 이코노미를 활용이 중요하다. 중소기업을 디지털 혁신으로 벤처스타트업은 마이크로 글로벌로 성장시키는 투 트랙 전략이 필요한 시점이다.

이제, 지구촌은 이노베이션(Innovation)을 넘어 트랜스포메이션 (Transformation) 시대로 나아가고 있다. 과거 고도성장기의 종합상사 역할을 중소벤처 기업이 할 수 있도록 해야 하며, 네트워크를 활발히 함으로써 중소벤처 기업의 경쟁력을 높여야 한다. 지나친 물적 자본 중심의 성장으로 인적자본의 축적이 제대로 되지 않았기 때문에 이제는 '넛지형 경영'이 필요한 때이며, 긱 이코노미,

크라우드 소싱 등은 외부의 인적 역량과 아이디어를 효과적으로 활용하는 기회가 될 수 있으며, 이는 휴머노믹스의 바탕인 HIM을 통해 강소기업으로 거듭나게 될 것이다.

본 책의 구성은 다음과 같다. 우선 첫째 장에서는 중소벤처 기업의 현주소로써 9988601233의 의미, 인력구조 및 노동생산성, 끊어진 성장사다리, 4차 산업혁명에 대한 대비 등의 내용을 중심으로 다룰 것이다.

둘째 장에서는 중소벤처 기업의 성공에 필요한 힘(HIM)의 구성요소인 사람을 존중해 몰입도를 높이는 휴먼(Human), 혁신적인 솔루션을 개발하는 이노베이션(Innovation), 폭넓은 배후시장을 노리는 마켓(Market)에 관한 내용을 중심으로 다룰 것이다. 셋째 장에서는 긱 이코노미에 대한 개념, 적용방법 및 사례를 중심으로 다룰 것이며, 넷째 장에서는 새로운 비즈니스 모델로 등장한 디지털 혁신사례를 살펴 볼 것이다. 마지막 결론으로 다섯째 장에서는 휴머노믹스 6가지 전략에 관한 내용을 다룰 것이다.

2018년 6월
이정희 김경준 서정희

contents

서문 · 005

1장

중소벤처 기업 현주소

중소기업 주민번호 : 9988601233 · 014

청년층의 취업 버킷리스트에 중소기업은 없다 · 015

낮아도 너무 낮은 노동생산성 · 020

끊어진 성장 사다리 · 022

4차 산업혁명 준비 · 025

2장

힘(HIM)으로 성장하라

중소벤처 기업의 성공에 필요한 힘(HIM) · 035

사람(Human) · 042

창조적 팀 설계의 선구자 : 미켈란젤로, 에디슨 · 047

혁신(Innovation) · 056

시장(Market) · 062

힘(HIM)을 키우는 4가지 · 068

통 큰 복지의 선두주자 : 서울 F&B · 089

한국판 구글 : 제니퍼소프트 · 092

직원존중 : 넛지효과에 주목하라 · 096

한국형 넛지의 사례 · 100

대학도 변해야 한다 · 104

디지털 트랜스포메이션으로 승부하라 · 114

4차 산업혁명 시대를 여는 디지털 트랜스포메이션 · 120

'굴뚝산업의 대표주자' GE,소프트웨어 기업으로 전환 · 123

아디다스를 통해 본 스마트 팩토리의 미래 · 125

유통 · 패션분야도 피할 수 없는 디지털 전환 · 127

스타벅스의 디지털 트랜스포메이션 성공 사례 · 132

中小 협력생태계 바꾸는 '네트워크법' 나온다 · 136

3장

긱 이코노미란 무엇인가

긱 이코노미의 등장배경 · 141

긱 이코노미란 · 145

디지털 노마드 · 151

코워킹 스페이스(Co-Working Space) · 153

긱 이코노미의 활용 · 155

긱 이코노미의 명암과 과제 · 168

4장
디지털 혁신사례

원격 헬스 트레이닝으로 성공한 펠로톤 · 175

스마트 농업 이끄는 데이터봇 · 178

축산업으로 이동한 사물인터넷, 라이브케어 · 179

DHL코리아, 맞춤형 배송 서비스 '온 디맨드 딜리버리' 실시 · 182

내 손 안의 '맞춤형 서비스' 시대가 온다 · 184

5장
휴머노믹스 액션플랜

청년이 원하는 신의 직장이 되라 · 189

손 · 발이 아닌 머리를 활용해라 · 191

긱 이코노미를 적극 활용해라 · 193

디지털 트랜스포메이션을 활용해라 · 197

네트워크형 기업이 돼라 · 200

원 아시아(One Asia)가 되라 · 204

참고문헌 · 208

그림 자료 · 211

1장
중소벤처 기업 현주소

　　2014년 기준으로 국내 중소기업의 수는 354만 개이며, 전체 노동자 10명 중 9명이 중소기업을 일터로 삼고 있다.[1] 따라서 중소기업이 튼튼해지지 않는 한 우리나라 노동자들의 삶이 나아질 수 없는 것이 현실이다. 역대 어느 정부를 막론하고 중소기업 육성을 강조해 왔지만, 현실은 냉랭하다. 납품단가 인하, 원자재비용 상승, 구인난, 체감경기 악화 등은 중소기업이 마주한 벽이다.

---

[1] 중소기업청, e-나라지표 「중소기업현황」
　http://www.index.go.kr/potal/main/EachDtlPageDetail.do?idx_cd=1181

중소기업 주민번호 : 9988601233

사람과 마찬가지로 중소기업에도 주민번호가 있다. 바로 "9988601233"이다. 실제로 주민번호가 있는 것은 아니지만 중소기업을 대표할 만한 상징적인 숫자라는 의미다.

우선 '99'는 중소기업이 대한민국에서 차지하는 기업체 수 비중이다. 2014년 기준 전체 기업체 수는 354만5,473개사로 이 중 99.9%인 354만2,350개 사가 중소기업이었다. 반면에 대기업의 사업체 수는 3,123개사로 0.1%를 차지한다.

다음으로 '88'은 중소기업에 다니는 근로자 비중이다. 2014년 기준 1,596만2,745명의 기업 종사자가 있다. 이 중 88%에 해당하는 1,402만7,636명이 중소기업 근로자였다. 반면에 대기업에 다니는 근로자는 193만5,109명으로 12%가 지나지 않는다.

중간 숫자 '60'은 대한민국 전체 국민 가운데 중소기업 인구 비중이다. 2012년 말 행정안전부 기준 대한민국 국민은 5,094만 명으로 평균 가족 구성원(3명)을 감안하면 이중 60%인 3,090만 명(평균 3인 가족)이 중소기업 가족으로 구성되어 있다. 이는 중소기업이 국가경제의 중심축 역할을 한다는 의미다.

마지막인 '1233'은 대한민국 헌법 제123조 3항인 '국가는 중소기업을 보호 육성하여야 한다'를 의미한다. '중소기업'이라는 명칭은 1962년 헌법에 처음 등장한 뒤 1980년 헌법 124조2항에 '국가는 중소기업의 사업 활동을 보호 육성하여야 한다'고 명기되

어 있으며, 1987년 123조3항에 '국가는 중소기업을 보호, 육성
하여야 한다'고 명시되어 있다. 즉 중소기업의 중요성을 헌법이
직시하고 있음을 알 수 있다.

〈중소기업 주민번호 : 9988601233〉

청년층의 취업 버킷리스트에 중소기업은 없다

청년실업이 심각하다. 통계청이 발표한 2015년 3월 고용동향
에 따르면[2] 공식 실업자는 107만6,000명(실업률 4.0%)이다. 이 중

---

2) 통계청(2015), 3월 고용동향

에서 15~29세 청년실업자는 45만5,000명(실업률 10.7%)으로 나타나고 있다.

그런데 공식 통계상의 실업자는 실제로 구직활동을 한 사람 중에서 취업하지 못한 사람들로 어떤 이유로든 구직활동을 하지 않은 사람을 제외하고 나온 수치이기 때문에 취업 현실을 정확히 반영하지 못한다. 청년들의 실업을 '일하지 않고 있는 상태'로 정의한다면 청년 전체 중 취업하고 있는 청년들의 비율인 청년 고용률을 보는 게 현실을 보다 정확히 판단하는 것일 수 있다. 우리나라의 15~29세의 청년 고용률은 2014년에 40.7%로 15~24세를 기준으로 한 경제협력개발기구(OECD) 회원국 평균보다 10% 이상 낮은 수준이다.

그렇다면 우리나라 기업 중에 중소기업이 차지하는 비중이 99.9%, 기업 근로자 중 중소기업 근로자 비중이 88%라는 숫자에 청년층은 포함되지 않는 것일까. 수치만 얼핏 보면 중소기업은 종사자가 많아 인력난을 겪지 않는 것처럼 보이고, 청년들의 일자리도 충분해 보인다.

하지만 아이러니하게도 중소기업 경영자들의 가장 큰 걱정거리는 사람이 없다는 점이다. 게다가 인력구조를 보면 대기업보다 고령화가 더 심각한데, 특히 100명 이하로 직원 수가 적은 곳일수록 50대 이상의 장년층 비율이 높다.

이는 청년 구직자들이 중소기업 취업을 꺼리기 때문이다. 그렇다보니 중소기업에는 들어오는 사람도 없고, 사람이 들어오더라도 모든 것을 새로 가르쳐야 하고 직장에 오래 있지도 않는다. 결국 중소기업에는 청년층보다도 기 종사자인 장년층의 비율이 더 많아지게 되고, 이러한 현상은 시간이 갈수록 심화되고 있다.

통계청이 발표한 2016년 기업 규모별 근로자 연령대[3]를 살펴 보면, 5인 이상 전체 기업체의 20~30대 근로자 비중은 46.1%, 50대 이상 근로자 비중은 26.1%인 것으로 나타났다. 그런데 기 업 규모가 클수록 젊은 근로자 비중이 커져 300인 이상 규모 기업 의 20~30대 비중은 57%, 300인 미만 중소기업의 20~30대 근 로자 비중은 43.6%로 나타났다. 반면 50대 이상 비중은 300인 이상 규모에서는 16%, 300인 미만 중소기업에서는 28%로 나타 났다. 대기업에 비해 중소기업 근로자의 연령대가 확연하게 높다 는 것을 알 수 있다.

〈중소기업 근로자 연령대〉

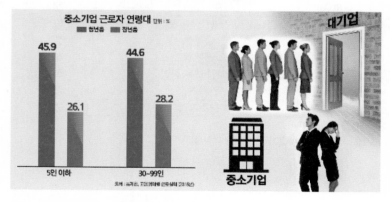

자료 : 통계청(2016), 고용형태별 근로실태

---

3) 통계청(2016), 고용형태별 근로실태

그렇다면 청년들이 중소기업을 기피하는 이유는 무엇일까. 우선 대·중소기업 간 임금격차와 중소기업 근무환경, 복지수준, 미래 불안정성, 근무 기업에 대한 자부심 등을 다양하게 살펴볼 필요가 있다.

중소기업학회[4]가 2017년 10월 말에 전국 14개 주요 대학 500여 명의 학생들을 조사한 결과, 공기업이나 대기업을 가고 싶다는 학생들이 절반이 넘었다. 반면 중소기업을 원하는 비중은 여전히 낮았고, 심지어 자영업이나 창업보다 낮았다. 이것이 바로 한국 경제의 성장동력이 약하고 미래가 불안하다는 강력한 신호다.

〈청년층 직장 선호도〉

단위 : %

	직장 형태	비중
1위	공공기관(공기업 등)	28.3
2위	대기업 계열	27.7
3위	전문직(컨설팅 포함)	19.5
4위	금융권	7.1
5위	공무원	6.2
6위	자영업 또는 창업	5.4
7위	벤처기업	2.4
8위	중소기업	2.1

자료 : 중소기업학회(2017), 대학생 대상 설문

실제로 중소기업의 근로자들의 임금수준은 대기업 근로자들에 비해 상당히 낮은 편이다. 2015년 기준으로 대기업의 월 평균임

---

4) 중소기업학회(2017), 대학생 대상 설문

금은 485만 원이었지만, 중소기업은 294만 원으로 대기업보다 약 40% 가량 낮았다.

고용규모별로 세분화하면 그 격차는 더욱 여실히 드러난다. 한국노동사회연구소 분석에 따르면, 정규직 노동자만 놓고 봤을 때 300인 이상 기업에 일하는 노동자가 100만 원을 받을 때 100인 이상 300인 미만 기업에서 일하는 노동자는 77만 9,000원을 받았다. 30인 이상 100인 미만 사업장에서는 73만 3,000원을, 10인 이상 29인 미만 사업장에서는 67만 원을 받았다. 그리고 5인 이상 9인 미만 사업장에서는 58만 2,000원을 받았다. 대기업과의 임금격차가 가장 큰 곳은 1인 이상 5인 미만 사업장이었다. 여기에서 일하는 노동자들이 받는 월 임금은 대기업 노동자의 52.4%에 불과했다.

하지만 청년층의 취업 기피현상은 단순히 임금격차를 원인으로 하지는 않는다. 강순희 경희대 교수와 안준기 고용정보원 연구위원이 2017년 발표한 '대졸자들은 왜 중소기업을 기피하는가?'라는 제목의 논문을 살펴보면 중소기업을 다니는 청년의 대기업 대비 상대임금은 79.8%로 전체 중소기업 재직근로자의 51.3%보다 격차가 작았다. 임금과 소득 격차는 유이하지 않았고 오히려 복리후생, 일자리의 사회적 평판, 직무관련 교육 및 훈련, 근무환경이 유의 하게 나타나 근로자가 진정 무엇을 원하는지에 대해 고민해 볼 필요가 있다.

낮아도 너무 낮은 노동생산성

한국의 노동생산성, 즉 근로자 한 명이 창출하는 시간당 실질 부가가치는 OECD 35개국 중 28위로 바닥에 가깝다. 더욱이 대기업과 중소기업 간 생산성 격차는 OECD 국가 중 가장 크다.

한국생산성본부[5]의 조사 결과를 보면, 2015년을 기준으로 구매력평가(PPP) 기준 환율을 적용한 한국의 1인당 노동생산성은 시간당 31.8달러로 나타났다. 이는 노르웨이(78.7달러), 덴마크(63.4달러), 미국(62.9달러), 네덜란드(61.5달러)의 절반 수준이다. 한 사람이 1시간 일해서 만들어낸 부가가치가 이러한 국가들에 비해 우리는 절반에 그치는 것이다.

〈노동생산성 국가별 비교(OECD)〉

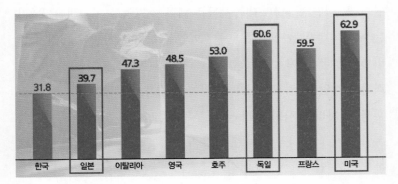

자료 : e-나라지표(2015)

---

5) 한국생산성본부(2015), 국내 기업들의 노동생산성 비교

고령인구가 많은 일본(41.4달러)과 비교해도 77% 수준에 그쳤으며 터키(36.4달러), 이스라엘(35.1달러)보다도 낮았다. OECD 평균치는 46.7달러였다. 한국보다 생산성이 떨어지는 OECD 국가는 그리스(29위), 폴란드(32위), 칠레(34위), 멕시코(35위) 등 7개국뿐이었다.

　이와 같은 양상은 대기업보다는 중소기업의 생산성이 상대적으로 더 낮기 때문이다. 생산성본부가 국내 대기업 800여 곳, 중소기업 6만5,000여 곳을 조사한 결과를 볼 때, 한국 중소기업의 노동생산성은 OECD 국가 간 비교가 가능한 최근 시점인 2013년을 기준으로 대기업의 29.7%에 불과하다. 우리나라는 관련 통계가 있는 OECD 24개국 가운데 꼴찌(24위)였다. 핀란드(73.6%) 영국(57.5%) 일본(56.5%) 등의 중소기업 노동생산성이 대기업의 절반 이상이라는 점을 감안하면 한국 중소기업의 생산성 저하는 심각한 수준이다.

〈대기업 대비 중소기업의 노동생산성〉

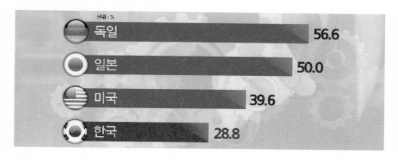

단위 : %

독일	56.6
일본	50.0
미국	39.6
한국	28.8

자료 : 한국생산성본부(2014), 기업규모별 업종별 노동생산성 분석

많은 전문가들은 중소기업의 낮은 생산성 문제가 대기업에 비해 우수한 인재가 모이지 않고 생산성 향상을 위한 설비 투자가 부족하기 때문이라고 지적하고 있다. 정부가 잇따라 대기업을 규제하면서 중소기업이 과보호 상태에서 스스로 생산성 향상을 위한 시도를 하지 못한 것도 마찬가지로 지적되는 부분이다.

끊어진 성장 사다리

중소기업에는 비단 낮은 노동생산성 문제만 있는 것은 아니다. 중소기업이 중견기업으로, 중견기업이 대기업으로 가는 성장이 정체되는 피터팬 증후군이 심각해지고 있다.

피터팬 증후군은 중견기업으로 올라서는 문턱을 넘지 않고 중소기업에 계속 머무르거나 중견기업이 됐다가 도리어 중소기업으로 회귀하는 현상을 의미한다. 실제로 자산 기준으로만 따졌을 때 5,000억 원을 초과해 중소기업에서 중견기업으로 새로 편입된 기업은 2011~2015년 63개 사다. 이 중 16개 기업(25.3%)은 자산 규모가 줄어 다시 중소기업으로 돌아갔다. 특히 10곳은 중견기업에 머문 기간이 고작 1년이었다.

중소기업을 졸업하면 기업은 취득세, 재산세, 법인세, 소득세 감면 등 여러 세제 혜택을 더 이상 받지 못하는데다 기업소득 환류

세, 내부거래 과세 등은 새로 적용받기 때문이다. 한국중견기업연
합회에 따르면 중소기업이 중견기업으로 올라서자마자 지원이 사
라지거나 줄어드는 혜택은 지난해 말 기준으로 62건이나 된다.

〈끊어진 성장 사다리〉

자료 : 동아일보 · 한국경제연구원(2017), 2011~2016년 기업 규모별 성장 추이 분석

중소기업과 중견기업의 성장률은 어떠할까. 동아일보와 한국경
제연구원[6]이 2011년부터 2016년까지 기업 규모별 성장 추이를
분석한 결과, 대기업과 중소기업의 연평균 매출액 증가율은 2014
~2016년 3년 연속 마이너스다. 특히 중견기업들의 성장 정체가
두드러진 것으로 나타났다.

2014년 7월에 한국 경제의 허리를 제대로 육성하겠다는 취지
로「중견기업 성장 촉진 및 경쟁력 강화에 관한 특별법(이하 중견기
업특별법)」이 시행됐지만, 중견기업들의 자산 증가율은 2011~
2013년 평균 5.95%에서 2014~2016년 평균 2.81%로 반 토막

---

6) 동아일보와 한국경제연구원(2017), 2011~2016년 기업 규모별 성장 추이 분석

이 났다. 중견기업특별법 시행 후 3년간 중견기업의 성장 속도는 대기업(3.12%)과 중소기업(6.47%)에 모두 못 미쳤다.

수출 중소기업 현황도 어려운 실정이다. 수출 중소규모 기업 비중은 OECD 국가의 평균보다 높지만 이들 기업의 수출액은 OECD 국가의 평균을 밑도는 것으로 나타났다. 통계청과 관세청 (2017)의 '기업특성별 무역통계(TEC)로 바라본 수출입 중소규모 기업 분석' 자료[7]를 보면 2015년 기준 교역에 참여하는 중소규모 기업 19만8,000개사의 수출액은 908억2,000만 달러, 중소규모 기업의 수입은 1,052억 달러였다. 한국의 총 수출액 중 이들 기업이 차지하는 비중은 20.5%로 OECD 평균(31.5%)을 11.0%포인트 하회했다. 비교 가능한 26개 OECD 국가 중에선 꼴찌였다. 또한 소기업의 93%, 중기업의 87%가 국내 시장에 머물러 있는데, 이는 판매처가 상당히 좁다는 것을 의미한다.

〈중소기업의 내수 및 수출 비중〉

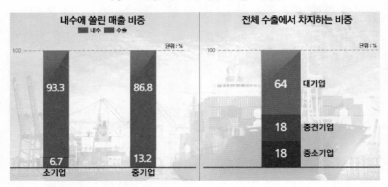

자료 : 통계청(2015), 무역통계

4차 산업혁명 준비

4차 산업혁명 개념은 2012년 독일의 '인더스트리 4.0' 시작 당시 이미 사용되었으나, 2016년 세계경제포럼에서 의제로 제시하면서 세계적으로 관심을 끌기 시작했다. 이는 사회·경제, 산업구조, 고용구조 등 사회 전반적인 변화를 일으키고 그 파급효과는 매우 높을 것으로 전망되고 있기 때문에 국가 차원에서 주목하고 있는 상황이다.

〈4차 산업혁명에 따른 부문별 세계 순고용 증감 전망〉

순고용 감소	사무· 행정	제조	건설	디자인	법률	시설정비	소계
	△476.9	△160.9	△49.7	△15.1	△10.9	△4.0	△716.5
순고용 증가	금융	경영	컴퓨터	건축	영업	교육	소계
	49.2	41.6	40.5	33.9	30.3	6.6	202.1

주 : 2020년까지 누적, 15개국(선진국 7, 신흥국 8) 370여 개 기업의 인사담당 임원 설문결과
자료 : 세계경제포럼(2016.1), 한국은행(2016.8) 재인용

4차 산업혁명에 따른 부문별 세계 순고용 증감 전망을 살펴보면 단순히 일자리가 줄어드는 것으로 볼 수 있으나 기존의 청년들이 회피하는 일자리가 줄어들고 선호하는 일자리가 증가한다는 점에

---

7) 통계청과 관세청(2017), 기업특성별 무역통계(TEC)로 바라본 수출입 중소규모 기업 분석

주목할 필요가 있다. 기계가 대체할 수 있는 일자리의 수는 감소하지만 기술개발 등 신규 일자리 창출이 된다는 점에서 세계 주요 국들이 경제 성장과 일자리 창출의 해법으로 신산업 발굴 및 육성과 창업에 관심을 두고 노력을 하고 있다. 이를 위해서는 차별화된 기술과 제품으로 제조업과 서비스의 융합을 통해 시너지를 높이려는 접근이 필요하다.

⟨사물인터넷이 기업에 가져오는 기회⟩

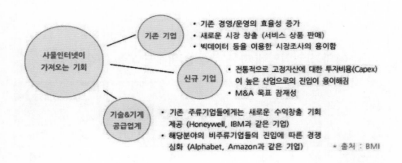

4차 산업혁명이 가져올 변화 중 하나로 획일적인 제품을 대량생산하는 방식에서 벗어나 소품종 다량 생산으로 전환을 촉진하기 때문에 규모의 경제효과가 약화되어 진입장벽이 낮아진다는 점을 들 수 있다. 이는 스타트업이나 중소기업에게 새로운 기회를 열어주어 새로운 성장을 가져올 수 있다. 4차 산업혁명의 다양한 분야 중 사물인터넷을 하나의 예로 살펴보자. 기존기업에는 경영/운영의 효율성을 증가시키고 새로운 시장을 창출하며 빅데이터 등을

이용한 시장 조사를 용이하게 할수 있으며, 신규기업의 전통적으로 고정자산에 대한 투자비용이 높은 산업으로 집입을 가능하게 하고 M&A 목표 잠재성을 높여준다. 또한 기술&기계 공급업계에도 새로운 수익 창출 기회를 제공할 뿐만아니라 비주류 기업들의 진입에 따른 새로운 경쟁을 유발하기도 한다.

이에 주요 국가들은 4차 산업혁명을 향후 국가경쟁력을 좌우할 핵심요인으로 인식하고 주도권 선점을 위한 정책을 수립하고 있다. 독일은 2012년 인더스트리 4.0을 선포하고 미래 스마트 세계의 산업모습을 구현하기 위해 생산을 자동화하고 엔지니어링 분야와 IT 기반의 수직, 수평적 통합 추구하고 있다.

미국은 2012년 첨단 제조 파트너십을 주심으로 경제력 강화 및 국가안보를 통해 좋은 일자리 창출을 추구하고 있으며 수출 및 기술혁신의 원천인 어드밴스드 '매뉴팩처링(Advanced Manufacturing)' 개발에 박차를 가하고 있다. 일본은 2017년 '커넥티드 인더스트리즈(Connected Industries)' 정책을 펼치며 실제 구현 가능한 신제품·서비스 창출과 생산성혁명을 통한 미래사회실현을 목표로 하고 있다. 그어느나라보다도 빠르게 변하고 잇는 중국의 경우 '중국제조 2025'를 정책으로 삼고 양적성장 중심의 제조업의 질적 성장을 도모하고 있는 실정이다. 중국의 5대 중점 프로젝트 중 하나인 스마트 제조업은 운영비용, 상품 생산주기, 불량률이 각각 50%로 감소하는 것을 목표로 하며 5~10년 내 중국 스마트 설비 성장률은 연평균 25% 성장할 것으로 전망하고 있다.

〈주요 국가들의 4차 산업혁명 대응〉

구분	독일	미국	일본	중국
주요정책	인더스트리 4.0	첨단제조 파트너십	Connected Industries	중국 제조 2025
추진시기	2011	2012	2017	2015
추진 배경 및 목표	미래 스마트 세계의 산업 모습 구현 생산·자동화 엔지니어링 분야 IT 기반 수직, 수평적 통합	경제력 강화, 국가안보, 좋은 일자리 창출, 수출 및 기술 혁신 원천인 Advanced Manufacturing 개발	Connected Industries 구현 기반 신제품·서비스 창출과 생산성 혁명을 통한 미래사회실현	경제성장 둔화에 대응, 양적성장 중심이었던 제조업의 질적성장 도모
추진체계	정부 기관, 글로벌 제조기업, 글로벌 IT기업	정부 기관, 글로벌 제조기업, 글로벌 IT기업	정부 기관, 글로벌 제조기업	정부 기관
핵심기술	공통 : 산업용 사물인터넷			
	자동화설비·솔루션, 사이버 보안 등	빅데이터, 인공지능	IoT, 빅데이터, 인공 지능, 산업용 로봇	범용적 정보통신기술
대응방향	자동차, 기계설비, 민관 공동대응	IT 기업중심, 민간중심 대응	정부 아젠다 중심, 로봇기술 중심	ICT기술 활용, 자국시장 활용

이처럼 인공지능, 빅데이터 등 4차 산업혁명 관련 기술의 세계 특허등록이 급격히 증가하고 있으며 한국지식재산 연구원(2016)에 따르면 관련기술의 특허가 2010년 421건 → 2015년 5,107건 (연평균증가율 : 64.5%)으로 성장하는 등 지식재산의 중요성이 함께

증가하고 있다.

다가오는 4차 산업혁명 시대에 대한 중소기업의 대응 현황은 어떨까. 중소기업중앙회(2016)[8]가 전국 300개 제조 중소기업 CEO를 대상으로 실시한 조사결과를 보면, 중소기업 CEO는 4차 산업혁명에 대한 인식 수준이 낮고 준비상황 역시 부족한 것으로 나타났다.

특히 4차 산업혁명의 변화 속도에 제조업이 적응 못할 경우에 49.7%가 '2020년 내', 40.0%가 '2025년 내', 10곳 중 9곳이 10년 내 제조업 경쟁력 위기를 맞을 것으로 예상하고 있음에도, 응답자의 절반 이상이 4차 산업혁명에 대해 전혀 모르거나 4차 산업혁명에 준비 및 대응하지 못하고 있는 경우가 93.7%로 압도적으로 많았다.

4차 산업혁명에 대비하여 중소기업에 대한 정부 차원에서의 적극적인 대응전략 마련이 필요한 상황이다.

예를 들어 신소재 개발과 함께 신기술을 접목한 스마트 공장 등을 통한 제조업 혁신이 중소기업에도 지속 확산될 수 있도록 정책적 지원이 필요하다. 중소제조업 CEO들은 '신소재개발'(40.7%)을 4차 산업혁명 시대에 가장 전략적 육성이 필요한 분야로 꼽았다.

'AI(인공지능)'는 27.0%, 스마트공장의 핵심인 'IoT(사물인터넷)'와 빅데이터/분석은 각각 21.3%, 21.0%로 그 뒤를 이었다.

또한 절반이 넘는 중소기업 CEO들(55.3%)은 4차 산업혁명 시

8) 중소기업중앙회(2016), 4차 산업혁명에 대한 중소기업 인식 및 대응 조사결과

대에 바람직한 정부 정책방향으로는 중소기업이 참여 가능한 방향으로 개편을 해줄 것을 제안했다. 이어 중소기업 인력난을 반영하듯 창의적 인재 양성(42.3%)과 ICT융합기술 투자 및 조세지원(39.3%)이 높은 비율을 보였다.

<중소기업의 4차 산업혁명 준비>

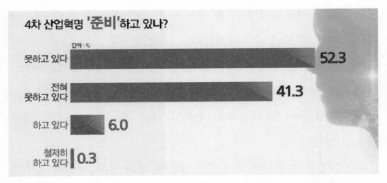

자료 : 중소기업중앙회(2016), 4차 산업혁명에 대한 중소기업인식 및 대응조사결과

대응하지 못하는 이유로는 제품특성상 불필요(42.7%), 전문인력 부족(35.9%), 수요창출의 불확실성(24.9%), 투자자금부족(14.9%), 신산업(융합기술)규제(6.4%)로 나타났다.

4차 산업혁명은 제대로 대응하지 못하면 기업의 생존이 위태로울 수 있지만 적극적으로 준비하게 되면 오히려 중소기업에게는 기회다.

국내 산업분야에 4차 산업혁명 도입 시 2030년 기준 발생할 경제적 효과는 의료(최대 110조 원), 제조(최대 95조 원), 금융(최대 50조

원) 등 총 185~365조 원으로 추정된다.

〈4차 산업혁명의 국내 경제적 효과〉

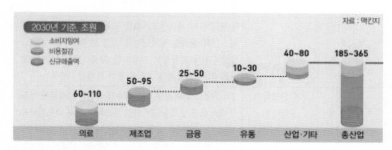

이미지 : IBK경제연구소(2017)

우리나라는 선진국보다 한발 늦었다는 지적이 나오는 가운데 정부의 4차 산업혁명 정책에 대한 관심이 뜨겁다. 각 부처별로 다양한 정책을 펼치고 있으며 대통령 직속 '4차 산업혁명위원회'를 설치해 미래성장동력을 확충하기 위해 전기차, 자율주행차, 신재생에너지, 인공지능 등 핵심기술 분야를 적극 지원하고 있다.

〈한국의 4차 산업혁명 대응 관련 정책〉

부 처	추 진 정책	주 요 내 용
미래창조 과학부& 산업부	미래성장동력- 산업엔진 종합 실천계획	지능형로봇, 착용형 스마트기기, 실감콘텐츠, 가상훈련시스템, 스마트자동차, 5G 이동통신, 수직이착륙무인기 등 '19대 미래성장동력' 육성을 위해 2020년까지 약 5.6조 원을 투자
산업부	제조업 혁신 3.0 전략	IT · SW 융합신산업을 창출하고 선도형 산업 전략을 추진

산업부 (2016.12.21)	4차 산업혁명 시대, 신산업 창출을 위한 정책과제	전기·자율차, 로봇, 사물인터넷 가전 등을 12대 신산 업으로 선정 5년간 민관 합동으로 7조 원 이상의 R&D 자금을 투 입(규제완화, 성과중심 집중지원, 융합플랫폼 구축, 시 장창출)
미래부 (2016.12.27)	지능정보사회 중장기 종합대책	인간 중심의 지능정보사회를 구현하기 위한 기술·산 업·사회 분야별 정책방향을 설정 및 전략과제추진(글 로벌수준의 지식정보 기술기반 확보, 전산업의지능정 보화 촉진, 사회정책 개선을 통한 선제적 대응)
기획 재정부 (2017.2.22)	4차 산업혁명 종합대책 (전략위원회)	4차 산업혁명 대응 민·관 합동의 컨트롤 타워로서 정부 부처의 관련 정책을 조율하고 국가적 비전과 대응전략을 마련 (산업생태계 재편, 인적자원 강화, 사회자본 확충)
국회 (2017.3.31)	4차 산업혁명 기본법	4차 산업혁명 정책을 부처별로 나누어진 추진 체계· 지원 사항을 종합적으로 정비(기획재정부 소관 「4차 산업혁명 전략위원회」를 국무총리 소속으로 격상)
산업부 (2017.4.20)	스마트 제조혁신 비전 2025	'25년까지 스마트공장 3만개 구축, 전문인력 4만 명 양성을 목표. 생산공정, 서비스, 물류 과정에 IoT, 빅데 이터를 기반으로 통합 관리하여 생산성을 높이고 매출 액·영업이익 등 경영성과를 제고
대통령직속 (2017.9.25)	4차 산업혁명 위원회	국가차원에서 4차 산업혁명 대응방향과 전략적 대안 제시
국회 (2017.11.29)	4차 산업혁명 규제개혁 특별 위원회	원활한 4차 산업혁명 진행을 위한 법·제도 개선, 유관 분야 정책 조정 방안 마련 , 우리나라에 적합한 4차 산 업혁명 모델 수립, 관련 원천기술 개발 지원을 위한 여 건 조성을 추진

정부의 변화 뿐 아니라 4차 산업혁명을 바라보는 CEO의 생각의 변화도 함께 일어나야 한다. IBK경제연구소는 2017년 4월 발간한 '중소기업 CEO를 위한 내 손안의 4차산업혁명' 보고서에서 '중소기업 CEO를 위한 4차 산업혁명 10계명'을 제시하며 가장 먼저 '나와 상관없다'는 생각을 버리고 'CEO부터 공부하라'며 해

외와 국내 벤치마킹 사례를 배우고 도입해야 함을 강조했다.

■중소기업 CEO를 위한 4차 산업혁명 10계

❶ 나와 상관없다는 생각은 버려라 : 4차 산업혁명은 대기업뿐만 아니라 중소기업에게도 곧 닥칠 일이다.

❷ CEO부터 공부해라 : 4차 산업혁명 시대는 새로운 리더십을 요구한다.CEO부터 변해라. 해외 및 국내 벤치마킹 사례를 배우고 도입해라.※미래 리더십이 가져야 할 5가지 자질 : 민첩성, 변혁성, 연결성, 증폭성, 보편성(맥킨지, 2016년)

❸ 나의 강점을 적극적으로 활용해라 : 회사의 강점과 경쟁력은 그 회사의 CEO가 가장 잘 알고 있다. 자사의 역량을 가장 잘 발휘할 수 있는 분야를 찾아 방법을 모색해라

❹ 4차 산업혁명에 적합한 인재 확보부터 시작해라 : 변화하는 시대에 필요한 기술력과 소프트웨어 및 디지털 역량을 보유한인재 확보가 시급하다.

❺ 플랫폼에 진입해라 : 기술의 발전과 융합으로 국경 및 업종·영역 간 경계가 허물어지면서 결국 플랫폼을 장악한 자가 승리한다. 플랫폼을 만들어낼 수 없다면 올라타라.

❻ 하드웨어 중심에서 소프트웨어 중심으로 전환해라 : 빅데이터, 인공지능 등 4차 산업혁명의 핵심은 소프트웨어에 있다. 중소기업 CEO는 소프트웨어의 중요성을 인식하고 충분한 투자를 해야 한다.

❼ 퍼스트 무버(First Mover)가 되라 : 4차 산업혁명 시대에 살아남기 위해서는 변화를 주도하고 새로운 가치를 창출하는 퍼스트 무버가

되어야 한다. 특히 중소기업은 성장과 혁신을 멈추면 죽는다는 사실을 명심하라.

❽ 모든 것을 4차 산업혁명에 맞게 바꾸어라 : 4차 산업혁명은 제조 및 기술분야에만 해당되는 것이 아니다.인사-재무-생산-판매 등 기업 전 분야에서 패러다임 변화가 요구된다.

❾ 융 · 복합을 추구해라 : 4차 산업혁명에 효율적으로 준비하기 위해서는 대기업-중소기업, 완제품-소재부품,하드웨어-소프트웨어 간의 공동대응이 요구된다. 타 산업 및 기업과 협력해라

❿ 정부 · 관련기관의 도움을 적극적으로 활용해라 : 4차 산업혁명은 혼자 준비할 수 없다.IBK, 스마트공장추진단 등 다수 채널을 통해 필요한 지원과 도움을 받아라

자료 : IBK경제연구소(2017), 중소기업 CEO를 위한 내손안의 4차 산업혁명

2장
힘(HIM)으로 성장하라

중소벤처 기업의 성공에 필요한 힘(HIM)

청년들이 중소벤처 기업 취직을 꺼리고, 미국·독일·일본 등 선진국에 비해 노동생산성이 낮은 상황에서 기업 혁신성장의 출발점은 결국 '사람'이다.

이정희 한국중소기업학회장(중앙대 교수)과 김경준 딜로이트 컨설팅 부회장은 '대·중소기업 상생협력 통한 강소기업 육성방안'을 주제로 한 세미나에서 휴머노믹스의 핵심으로 'HIM'을 꼽았다. '힘(HIM)'은 사람을 의미하는 휴먼(Human), 혁신적인 솔루션(Innovation), 그리고 폭넓은 배후시장(Market)의 약자다. 이 세 가지의 힘이 조화를 이룰 때 힘(HIM)이 극대화 된다.

이정희 교수는 현재 대기업 대비 중소기업 임금 수준이 60%도 안 될 만큼 대기업·중소기업 간 격차가 심각한 상황에서, 이러한 격차를 해소하기 위해서는 성과공유를 확산하고, 공정경쟁 환경을 구축하며, 중소기업의 혁신 경쟁력을 높이는 것이 중요하다고 하였다.[9] 청년들이 중소벤처 기업으로 눈을 돌리게 하기 위해서는 대·중소기업 간 임금격차를 줄이는 것도 중요하지만, 근무환경을 개선하고 미래 비전을 제시할 수 있어야 한다. 결국 중소벤처 기업에 청년들과 인재가 몰려야 중소벤처 기업을 통한 혁신성장도 가능해질 것이다.[10]

청년과 인재가 중소벤처 기업에서 일하게 하려면, 먼저 기업인이 사람을 존중하고 이를 위해 투자하는 의식 혁신이 필요하다. 기업에서 사람을 존중하지 않고 사람을 위해 투자하지 않는다면 누가 혼신의 힘을 다하여 일하겠는가. 사람 존중과 그에 대한 투자는 직원들의 동기 혁신을 가져오고, 그러한 동기 혁신이 생산성을 높이고 혁신을 만들어 내는 것이다.

이렇게 이루어지는 혁신과 함께 시장을 만들어가야 혁신성장이 이루어지는 것이다. 이것이 바로 힘(HIM)인 것이다. 바로 혁신성

9) 윤선훈(2018). 혁신성장의 핵심은 결국 사람과 신뢰". 아이뉴스24(http://news.inews24.com/php/news_view.php?g_serial=1080317&g_menu=022100&rrf=nv)
10) 송창범(2018). [CEO칼럼] 중소벤처 혁신성장, 힘(HIM)으로 이루자 - 이정희 중소기업학회장(중앙대 경제학부 교수). 아주경제(http://www.ajunews.com/view/20180325081617340_

장은 HIM에 의해 이루어질 수 있다고 본다.

HIM으로 대변되는 사람중심-혁신-시장으로 이루어지는 혁신성장을 사람중심 혁신성장이라고 할 수 있을 것이다. 결국에는 혁신성장은 사람에 의해 이루어지기에 사람을 존중하고 사람에 투자하여 사람의 역량을 높이고 인재를 만들어내는 것이 혁신성장의 바탕이 되어야 하는 것이다. 이렇게 사람을 존중하고 투자하는 기업문화 조성과 함께 근무환경 및 미래비전을 줄 수 있다면 근무의욕을 고취시킬 수 있을 것이며, 혁신은 물론 성과까지 높아질 것이다.[11]

〈성공에 필요한 힘〉

외부 인재 활용의 대표적인 사례인 엑손모빌의 기름유출 사건을

---

11) 송창범(2018). [CEO칼럼] 중소벤처 혁신성장, 힘(HIM)으로 이루자 – 이정희 중소기업학회장(중앙대 경제학부 교수). 아주경제(http://www.ajunews.com/view/20180325081617340_

살펴보자. 1989년 유조선이 알래스카에서 좌초되면서 엄청난 기름이 바다에 쏟아졌다. 기름 제거를 위해 막대한 인력과 자본을 투입했지만 17년간 뚜렷한 효과를 보지 못했다. 모두가 포기할 때쯤인 2006년, 엑손모빌은 포상금 2만 달러를 내걸고 외부에서 아이디어를 구하자 불과 석 달 만에 미국 남부의 시멘트 회사 엔지니어가 시멘트 사용 기술을 응용하자고 제안했다. 결과적으로 그 아이디어를 통해 기름을 쉽게 녹일 수 있게 되었다. 이처럼 중소 벤처 기업은 혁신성장을 위해 내부 혁신 역량을 키우되 부족한 것은 외부 힘을 활용하는 투트랙 전략이 필요하다.

슘페터는 호황과 불황을 기업가의 출현과 관련지어서 설명한다. 그는 기업가의 '다발적' 출현이 호황기를 이끌어내는 단 하나의 이유라고 설명한다. 한 사람 또는 여러 명의 기업가가 출현하면 다른 기업가의 출현을 더욱 용이하게 만들어 그 수가 점점 늘어난다. 경제발전의 이론에서 이러한 호황기 뒤에 찾아오는 불황은 새로운 균형을 찾아가는 과정이다.

즉 기업가의 이윤은 모방자들의 등장으로 인해 자연스럽게 소멸되며 균형 상태를 이룬다. 모방자들이 등장하는 데도 불구하고 더 이상 혁신을 하지 못하면 기업은 사양길로 접어든다. 슘페터에 따르면 성공을 이룬 기업은 어느 한 순간에만 기업가적이었고, 대부분 '혁신의 관료화'가 기업을 지배한다. 슘페터는 관료주의적 절차와 지루한 위원회 따위가 천재들의 재능을 대신하게 된다고 주장했다. 혁신 기업을 경쟁적으로 모방해 가격과 이윤이 떨어지면

불경기로 접어드는데, 이는 다시 나타날 경제적 붐의 시작이다. 이 같은 그의 경기순환론에서 불황은 호황으로 방만하게 몰려든 기업들을 정리해주는 과정이다.

슘페터의 이러한 이론을 우리나라의 경우에 대입하면 시사점은 명확하다. 기업의 혁신이 필요하고, 진정한 기업가정신으로 무장한 기업가들이 많이 나와야 한다는 것이다. 지금 기업은 도전과 혁신, 그리고 사람을 존중하고 투자하는 사람중심 기업가정신으로 혁신과 성장을 해야 하는 과제에 직면해 있다고 하겠다.

사람중심 기업이 일반기업보다 뛰어난 성과를 보이는 것을 웨그먼스 효과(Wegman's effect)라 한다. 웨그먼스는 미국 동부에 92개 지점을 둔 대형마트다. 업계 평균 보다 25% 정도 많은 급여를 주는 등 직원 제일주의 경영으로 널리 알려져 2016년 미국 포춘지가 꼽은 '일하고 싶은 기업' 2위에 선정되기도 한 기업이다. 웨그먼스의 연간 이직률은 다른 슈퍼마켓의 절반수준이고 단위면적당 매출액은 경쟁사보다 50% 높게 나타났다.

2016년 MFI의 서베이에서는 식품체인 선호도(고객만족도와 추천 의향) 순위에서도 1위를 기록하였으며 가격 경쟁력이 높은 월마트는 15위로 나타났다. 이처럼 고객이 원하는 것은 단순 가격이 아님을 알 수 있다. 'Employees First, Customers Second(직원 먼저, 고객은 그 다음)'라는 문구를 내세운 웨그먼스의 CEO 대니 웨그먼은 "회사에 이익을 가져다주는 고객들에게 최고의 서비스를 제공하려면, 우리 직원들부터 최고 수준으로 대우해줘야 한다"고 말했다. 기업 내부에 불만이 쌓이면 고객에게도 고스란히 전염되기 때문에 내부 평판이 외부 평판보다 클 때 해당기업 매출액도 쑥쑥 오른다는 이론이다.

이 중소기업은 혁신, 창의, 자율을 본질로 하며 이를 통해 경쟁력을 확보한다. 따라서 사람중심 기업은 중소기업의 전형이라 할 수 있다.

<사람중심의 창조적 파괴>

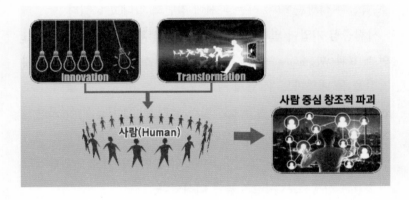

힘(HIM)경영의 사례로 'K뷰티 붐'을 일으킨 1세대 쇼핑몰 '스타일난다'를 살펴보자. 김소희 대표는 "협력사에게 줄 것을 주고, 고객에게 받을 것을 받고 국가에 낼 것을 내면 성장한다."라고 이야기 할 정도로 사람(Human)들이 움직이는 원동력을 만들어 내는 데 힘을 썼다. 최근 갑질로 문제가 되고 있는 기업들의 대표와는 확실히 차별화된 정신이다. "스타일난다는 기존 온라인쇼핑몰이 애써 갖추고자 했던 전문적이고 공식적인 이미지를 무너뜨리고

고객과 소통하려 했다". 또한 그녀는 기존의 평범한 옷 스타일에 혁신(Innovation)을 불러 일으켰다. 기존의 특색없는 의류모델과 달리 누구나 보면 알 수 있는 '난다걸' 스타일을 탄생시켰으며 옷이 아니라 콘텐츠를 팔며 2014년에는 인터넷업계 10위에 등극하기도 하였다. 여기서 10위라는 것은 다시 한번 눈여겨 볼 필요가 있는데, 1위~9위는 네이버, SK플래닛, 다음카카오, 이베이, 쿠팡, 구글, 옐로우모바일, 티몬, 위메프로 단일 품목이 아닌 오픈마켓이나 소셜커머스 형태이기 때문이다. 또한 스타일난다는 시장(Market)도 폭넓게 보며 접근했다. 토종브랜드인 스타일난다는 2005년 동대문 시장에서 시작하여 2012년 백화점과 면세점에 입점했을 뿐만 아니라 중국, 일본, 홍콩, 마카오, 태국, 싱가포르, 말레이시아등 해외에도 진출했다. 하지만 흔히 해외진출을 목표로 하는 기업들은 어떻게 하면 현지 소비자들에 맞춰 제품이나 브랜드 이미지를 바꿀지 고심한다. 그러나 김 대표는 스타일난다만의 독자적 아이덴티티를 국내는 물론이고 해외까지 모두 동일하게 적용해 누구나 '스타일난다'만의 특징을 알아차리게 했다. 의류뿐만 아니라 스타일난다의 화장품 브랜드인 3CE는 한류드라마 '태양의 후예'에서 탤런트 송혜교가 입은 블라우스로 중국 인지도를 쌓은 데 더해 중국 소비자들의 관심을 사로잡았다. 그결과 2018년 5월 로레알그룹이 지분 100%를 인수한다고 밝혔다. 랑콤, 키엘, 비오템 등 글로벌 브랜드를 보유한 로레알이 한국의 뷰티 브랜드를 인수한 것은 이번이 처음이다.

사람(Human)

세계적 진보학자 페터 슈피겔의 지속가능한 성장을 위한 새로운 대안으로 '배우는 법에 대한 교육'을 강조했다. 스스로 자립할 수 있고 세상의 것을 배우는 법을 가르쳐 주는 것이다. 그렇게 전 세계 개인들이 모두 '자기 삶의 경영인'이 되어야 함을 주장한다.

페터 슈피겔은 '긍정론자'다. 우리가 '작은 도구' 하나만을 갖는 다면, 세상은 바뀔 것이라고 말한다. 그 작은 도구는 인간의 가능성에 대한 믿음이다. 모든 개인은 존재하는 것만으로도 끝없는 잠재력을 가지고 있어서, 어떻게 교육을 받느냐에 따라 경제 기적을 일으킬 수 있는 주체가 될 수 있다. 슈피겔은 긍정적인 인간상과 세계상을 중시하여 누구나 잠재력과 능력이 있기에 경제적, 사회적 관점에서 자신의 "삶의 경영인"이 될 수 있다고 주장한다.

과학기술과 지식 그리고 경제의 역사는 창조의 역사로 볼 수 있다. 시대에 따라 혁신을 거듭하는 과학기술과 지식 그리고 창의적 아이디어는 수많은 기업들을 창업 시키고 국부와 고용을 창출하여 왔다. 산업혁명 이후 지금까지 세계경제는 영국, 미국, 독일, 일본이 주도하면서 지속적으로 성장하여 왔다. 그리고 시대별로 선도기술이 등장하여 창조적 파괴를 거듭하면서 21세기에 접어들게 된 것이다.

이와 같이 주도 국가를 중심으로 세계경제가 지속적으로 발전할 수 있었던 것은 바로 수확체증의 원리에 기인했다. 수확체증을 가져오는 경제원리는 아담 스미스 이후 지금까지 많은 경제학자들이 연구하여 왔다. 스미스는 생산공정의 분업과 특화로, 알프레드 마샬은 내부경제와 외부경제로, 그리고 에일린 영은 우회생산과 시장규모로 설명하였다. 루카스는 인적 자본, 후쿠야마는 신뢰, 정의, 공동체의식과 같은 사회적 자본으로, 폴 로머는 기술과 지식으로 각각 수확체증의 원리를 전개하였다. 창조적 자본이란 과학기술과 지식, 재능, 새로운 아이디어를 모두 포함한 포괄적 개념으로 규정하였다. 인적 자본은 지식과 기술, 재능이 체화된 인재를 말하며 사회적 자본은 신뢰, 부정부패가 없는 깨끗한 정부, 정의로운 사회, 질서, 네트워킹과 같은 덕목을 의미한다.

고전주의 경제학에서 사람의 노동은 국부의 원천이자 성장동력이 되었으며, 경제학은 재화의 생산과 교환, 그리고 생산요소의 주체 즉 노동자, 지주, 자본가 몫에 대한 분배에 관한 이론이 주를 이루었다. 신고전주의 경제학에서는 소비자와 생산자의 효율적 자원배분과 균형이론이 주된 관심사가 되었다. 알프레드 마샬은 빈곤의 구제에 많은 관심을 가지고 "뜨거운 가슴"을 학생들에게 상기시켰으나 효율성 위주의 경제이론 정립에 치중하였다.

실업과 고용 즉 일자리가 경제정책의 핵심으로 부상된 것은 1930년대 경제 대공황 이후다. 케인즈의 정책처방에 따라 미국의 후버 대통령과 루즈벨트 대통령은 막대한 정부예산을 풀어 공공사업을 벌려서 일자리를 만들고 소득을 늘려 유효수요를 자극했다. 미국에서 사람중심 경제 그리고 소득주도 성장이 이 때 등장한 것이다.

케인즈 경제학의 적극적 정책개입은 대공황을 극복하고 풍요로운 60년대를 맞게 했다. 하지만 70년대의 오일쇼크, 자원파동 등 공급부문의 장애로 인하여 케인즈 경제학은 퇴조하고 80년대부터 시장의 힘과 우월성을 강조하는 신자유주의 정책기조로 회귀하게 된다. 신자유주의는 눈부신 기술혁신과 물질의 풍요를 가져다 주었으나 소득분배의 악화와 사회 각 부문에서 양극화 현상을 초래하게 되었다. 이에 대한 대응책으로 1997년 UN은 "인간적 시장경제"를 제창하고 보다 포괄적으로 문제의 핵심에 접근하도록 건의하였다.

인간적 시장경제는 시장은 불평등을 유발한다고 보며 시장의 기능을 "인간의 복지"라는 관점에서 평가한다. 인간적 시장경제의 덕목으로는 시장이 중요한 시장참여를 완전히 보장하는 "경제적 참여", 경제행위에 대해 정당한 보상을 하고 착취나 과도하게 왜곡된 소득 및 부의 분배가 없는 "경제적 정의", 윤리적 원칙이 지배하는 "경제적 도덕", 시장의 가치가 경제적인 거래에만 적용되고 사회의 다른 영역에 침투해서는 안 된다는 "경제적 중용"이 있다. 이 네 가지 사안에 대해서 중앙정부가 구체적인 제도와 시행지침을 세부적으로 만들 수는 없다. 이를 기초로 하여 중앙정부, 지방정부, 공공기관, 공공단체, 민간기업, NGO가 각각 정책방안과 실행계획을 구체적이고 현실적으로 만들어야 할 것으로 본다. UN보고서에서는 인간적 시장경제가 많은 사람들이 특별한 교육과 공공서비스를 향유하게 하는 "인적자원에 대한 투자"를 늘려 "인간 중심적 발전"이 이루어지는 시대가 되었다고 한다.

시장이 초래하는 불공평의 대표적인 항목은 소득분배의 불평등과 악화로 볼 수 있다. 피케티의 분석에 따르면 자본수익율(r)이 경제성장율(g)보다 높기 때문에 소득분배가 악화된 것이며 이러한 추세는 앞으로도 계속될 것으로 예상하였다. 그는 자본소득과 노동소득의 격차를 줄여서 어느 정도 분배의 불평등을 해소하는 방안으로 인적 자본에 대한 투자를 늘려 지식의 확산과 교육의 확대 보급을 강화하는 정책방안을 제시하였다. 이는 UN의 제안과 같은 맥락을 보여주고 있다.

21세기 지식경제사회는 사람의 지식과 창의성이 국부의 원천이 되고 경제성장의 동력이 된다. 지식은 경제시스템 내부에서 생성되어 생산에 투입되며, 지식과 기술, 그리고 아이디어가 체화된 인적자본이 성장의 열쇠가 된다. 소프트웨어를 기본 바탕으로 발전된 4차산업혁명의 신기술은 기업이 아닌 사람이 주역이 되어 전개되고 있다. 비판적 사고와 창의력이 중요시되는 "사람 지배적" 사회가 된 것이다.

즉, 제4차 산업혁명의 중심에는 21세기형 인재가 있고 이러한 "사람"을 길러내는 교육패러다임의 변화와 교육제도의 혁신이 선행되어야 한다. 종합하면 "사람중심경제"의 정책적 시사는 "사람주도성장"이 되고 그 전략과 수단은 인적 자본과 교육에 있음을 알 수 있다.

■진부한 파이 이야기에 숨겨진 1인치

누구나 아는 이야기를 하나 해보자. 처음에 파이가 주어졌을 때, 모두 같은 크기로 나누어 먹어 누구도 배부르지 못하느니, 소수에게만 파이를 더 주고 충분히 배불리 먹은 사람들이 더 큰 파이를 만들 수 있을 때 나누면 모든 사람이 원하는 만큼 배부르게 파이를 먹을 수 있다는 이야기가 있었다. 그러나 이 이야기의 실제 결론은 이미 세계적으로 검증되었다. 파이가 커지더라도 결코 공정하게 분배되지 않았기 때문이다. 처음에 파이를 많이 먹었던 사람이 계속 많이 가졌으며, 나머지 사람들은 여전히 배를 곯았다.

이러한 결론을 막기 위해 지금까지 제시되어 온 해답은 크게 두 가지가 있었다. 한 가지는 처음부터 동일하게 나누자는 이상주의적 해법이었으나, 실행이 쉽지 않았다. 또 한 가지는 우선 몇 명만 배불리 먹여 나중에 큰 파이를 기다리는 것 까지는 동일하나, 그러고 나서 많이 가질 수밖에 없는 사람들에게 무조건 일정량은 모두를 위해 내놓게 해 나머지 사람들에게 그 분량을 나누어주는 것이다. 이는 '세금 정책'이나 '기부' 등 상당히 '정당해 보이는' 방법 등으로 구현된다. 그래서 이러한 의견을 내놓는 사람들은 정치적으로 올바른 주장을 하는 사람들로 여겨졌고, 실제로 많은 국가에서, 혹은 전 세계적 단위에서 이러한 '부의 비자발적 이동'은 이루어지고 있다.

그러나 사실 여기서 우리가 간과하고 있는 게 한 가지 있다. 그것은 바로 '파이 만드는 법'이다. 사실, 처음에 파이 만드는 법을 배운 사람들은 자기네들 몫의 파이를 더 만드는 것이 가능했다. 그러나 처음에 파이 만드는 법을 배울 수 없었던 사람들은 파이가 커지던 많아지던 상관없이 계속 파이를 적게 받을 수밖에 없었다. 그러니 아무리 정책적으로 파이 많이 가진 사람들에게서 여분의 파이를 빼앗는다 하더라도, 여전히 파이를 만드는 방법이 일부의 사람들에게만 독점되어 있는 한, 파이를 만들지 못하는 사람들은 계속 더 주기만을 기다려야 한다. 그렇다고 먼저 달라고 요구할 기회조차 주어지기가 쉽지 않다는 것이다. 파이 가진 자들이 더더욱 그런 상황을 경계할 것이고, 결국에는 파이를 가진 자와 가지지 못한 자 사이에 어색한 장벽이 세워지게 됨은 분명하다.

가정을 해 본다. 파이의 불공정한 분배가 이루어졌을 때, 있는 파이를 공정하게 나누기 위해 사람들이 원래 가지고 있던 몫의 양 조절을 하는 것이 아니라, 차라리 '파이 만드는 법'이라는 지식을 공유했다면 어땠을까? 당장은 파이의 재료가 없더라도, 반드시 언젠가는 파이를 만들 기회가 온다. 당장 파이 만들 기회가 오지 않는다고 해서, 파이 만드는 법이 쓸 데 없지는 않으니까 말이다.

자료 : 페터 슈피겔(2009) 휴머노믹스, 다산북스

창조적 팀 설계의 선구자 : 미켈란젤로, 에디슨

한 사람의 생각에서 단순히 나오는 아이디어는 실질적인 창조물로 연결되기가 어렵다. 무엇보다 주목해야할 것은 팀의 협조가 있어야 실현가능성을 가진 창조적 혁신으로 거듭날 수 잇는 것이다. 창조는 다양한 관점과 방향으로 질문을 던지는 데서 시작하여, 열린 토론과정을 거쳐 실현된다. 세계적인 기업들의 성공비결은 모든 직원들이 창의적으로 토론하고 협업하기 때문이다. 미켈란젤로와 에디슨도 혼자였다면 성장을 꿈꾸기 어려웠을지도 모른다.

① 미켈란 젤로의 〈천지창조〉

이탈리아 안의 또 다른 나라 바티칸 시국에 가면 반드시 둘러보는 곳이 시스티나 성당(Sistine Chapel)이다. 그 중에서도 미켈란젤로의 천장화인 "천지창조"는 하나님과 아담이 손가락을 마주 대는 장면으로도 유명하다. 이 작품은 미켈란젤로가 혼자서 천장화 전체를 완성했다는 이야기가 널리 알려져 있지만, 사실 프레스코화의 밑바탕이 될 회반죽을 천장에 바르거나 그림에 사용할 물감을 배합하는 일을 돕기 위해 소수의 조수들이 고용되었다.

미켈란젤로가[12] 33세였던 1508년, 교황 율리우스 2세는 교황 전용 예배당인 시스티나 성당의 약 41.2×13.2m의 천장에 벽화를 그리라는 명령을 내렸다. 당시 '피에타', '다비드' 등의 조각상을 통해 최고의 명성을 얻고 있었기에 조각을 최고의 예술로 생각하던 미켈란젤로는 자신은 조각가이지 화가가 아니라며 거절했다. 당시 교황의 말을 거역하는 것은 죽음을 각오한 행동이었다.

교황은 불평하는 미켈란젤로를 지팡이로 때리기까지 하며 "천장화를 완성하기 전에는 나올 수 없다"며 성당 안에 가둬버렸다. 미켈란젤로는 어쩔 수 없이 다시 조각을 하기 위해서라도 천장화를 완성해야만 했다

---

12) http://news.yonsei.or.kr

천장과 벽에 그림을 그리는 것을 일명 '프레스코'라고 한다. 프레스코는 벽에 회반죽을 바르고 그것이 마르기 전에 안료로 그린 벽화와 그 기법을 말한다. 프레스코 천장화의 경우 사다리 위에서 머리를 젖히고 팔을 올려 작업을 해야 하고, 일단 채색한 후에는 수정할 수가 없기에 전체 계획을 철저히 세워 그려야 하는 기술적으로 매우 어려운 작업이다.

천장화를 그리기로 결심한 미켈란젤로는 교황에게 조건을 제시했다. 천장화가 완성되기 전에는 그 누구도 그림을 볼 수도, 들어올 수도 없다는 것. 미켈란젤로는 사람들의 출입을 통제한 채 천장 밑에 세운 작업대에 눕거나 또는 앉아 고개를 뒤로 젖힌 채 천장에 물감을 칠하는 고된 작업을 계속해나갔다. 무리한 자세를 취하다보니 무릎에 고름이 생기고 등과 목은 굽어지고, 눈에는 물감이 튀어 시력이 약해지는 등 신체적 고통도 감수해야했다.

1년이 조금 지난 후 작업상황이 궁금했던 교황은 성당 안으로 들어갔고 몹시 화가 난 미켈란젤로는 집으로 돌아갔다. 약속을 어기고 성당 안으로 들어가 그림을 본 교황은 그를 찾아가 백배사죄하여 그를 다시 성당으로 데리고 왔다.

또 천지창조가 완성돼 갈 즈음 미켈란젤로가 사다리 위에 올라가 천장 구석에 인물 하나를 꼼꼼하게 그리고 있는 모습을 조수가 보고는 "그렇게 구석진 곳에 잘 보이지도 않는 걸 그려 넣으려고 그 고생을 한단 말입니까?"라고 물었다. 그러자 미켈란젤로가 대답했다. "내가 알지." 이렇듯 그는 열정을 다해 어려움을 극복하고 그 넓은 공간에 300여 명의 인물을 그려 넣는 작업을 4년 6개월 만에 완성했다.

이 '천지창조'는 아담의 창조에서부터 노아의 방주 이야기까지
총 9개의 테마(어둠과 빛의 분리, 해와 달과 지구의 창조, 물과 땅의 분리, 아담
의 창조, 이브의 창조, 아담과 이브의 타락, 노아의 제사, 대홍수, 술취한 노아)로
그려졌으며 조각가답게 모든 인물은 입체적이고 생동감이 넘친다.

미켈란젤로의 천지창조에는 종교적인 경건함과 성스러운 믿음
이 잘 드러난다. 비록 강요에 의해서 그렸지만 이를 그리면서 그
가 받은 은혜와 영감은 현재 보는 이들에게 천지창조의 위엄과 영
광을 생생하게 전달해 주고 있다. 또한 이 작품으로 인해 미켈란
젤로는 레오나르도 다빈치, 라파엘로와 함께 르네상스 3대 작가
로 손꼽히게 됐다.

〈천지창조〉

자료 : Wikipedia(https://en.wikipedia.org/wiki/File:Sistine_Chapel_ceiling_photo_2.jpg)

② 에디슨은 기술경영자[13]

우리에게 '발명왕'으로 알려져 있는 토머스 에디슨은 발명왕이
란 별명이 무색치 않게 미국에서만 1,093개의 특허를 받았다. 아
직까지 깨지지 않은 기록이다. 이처럼 에디슨에게는 발명가라는
이미지가 강하지만, 사실상 그는 단순한 발명가가 아니라 기술과
경영을 겸비한 사람이었다.

에디슨의 가장 위대한 업적은 "전기의 시대"를 개막한 백열등의
발명에서 비롯되었다. 그는 백열등을 발명할 때에도 경제적 관념을
가지고 접근하였다. 에디슨은 기존의 가스등과 경제적으로 경쟁하
기 위한 목적을 가지고 백열등의 개발에 착수하였다. 그는 체계적
인 비용 분석을 통하여 전도체에 사용되는 값비싼 구리가 걸림돌로
작용한다는 점을 밝혀낸 후, 백열등에 필요한 에너지를 충분히 공
급하면서도 전도체의 경제성을 보장하는 것을 핵심적인 문제로 규
정하였다. 그는 오옴의 법칙과 주울의 법칙을 활용하여 전도체의 길
이를 줄이고 횡단면적을 작게 하는 방법을 탐색하였고, 결국 오늘
날과 같은 1A 100Ω 짜리 고저항 필라멘트라는 개념에 도달하였다.

에디슨이 백열등만을 발명한 것은 아니었다. 그는 발전, 송전,
배전에 필요한 모든 것을 만들었다. 거기에는 전기 모터, 발전소,
전선, 소켓, 스위치, 퓨즈 등이 포함되어 있었다. 에디슨이 발명한
것은 하나의 기술이 아니라 여러 가지 기술이 결합된 시스템이었
던 것이다. 에디슨에 앞서 백열등을 발명한 사람은 많았지만 에디
슨을 진정한 백열등의 발명가로 평가하는 이유도 여기에 있다.

---

13) http://www.snu.ac.kr/SNUmedia/campus_life?bbsidx=79916&page=29

에디슨은 전등을 시스템적 차원에서 개발했을 뿐만 아니라 전등의 상업화와 관련된 활동도 시스템적으로 전개하였다. 즉, 전등의 연구개발을 담당하는 회사, 전력을 공급하는 회사, 발전기를 생산하는 회사, 전선을 생산하는 회사 등을 잇달아 설립하여 전기에 관한 한 모든 서비스를 제공해 줄 수 있는 "에디슨 제국"(Edison Empire)을 구성했던 것이다. 이상의 기업들은 1880년에 에디슨 제너럴 일렉트릭(Edison General Electric)사로 통합되었으며, 그 회사는 1882년에 뉴욕 시에 세계 최초로 중앙 발전소를 설립하는 것을 계기로 미국의 전기산업을 석권하기 시작하였다.

이처럼 에디슨이 전등을 개발하고 상업화하는 과정을 보면, 그는 전등과 관련된 모든 것에 주의를 기울인 시스템 구축가의 면모를 보이고 있음을 알 수 있다. 즉, 에디슨은 기술과 경영 모든 분야에서 혁신적인 사고와 행동을 보여준 인물이다.

그러나 이후에 전개되었던 직류와 교류의 경쟁에서 나타나는 에디슨의 모습은 새로운 기술혁신에 완강하게 저항하는 보수주의자에 다름 아니었다. 에디슨 제국은 직류방식을 채택하고 있었기 때문에 발전소를 소비지역과 인접한 곳에 설치해야 하는 약점을 가지고 있었다. 이에 반해 교류방식에서는 중앙 발전소에서 생산된 수천 볼트의 전기를 전송하면 각 소비지역에 설치된 전신주의 변압기에서 전압을 내리면 되기 때문에 석탄이나 물의 공급이 용이한 지역에 발전소를 설치할 수 있는 이점을 가지고 있었다. 급기야 전력 시스템의 표준을 어떻게 정할 것인가 하는 문제를 놓고 직류 방식의 대표 기업인 에디슨사와 교류 방식의 대표기업이었던 웨스팅하우스(Westinghouse)사는 "전류 전쟁"(Current War)이라 불릴 정도로 치열한 싸움을 전개하기 시작하였다.

에디슨은 당시 최고의 기술자와 수학자들과 함께 먼로 파크 실험실에서 직류전기발전시스템을 발명했다. 교류가 서서히 세력을 확장하자 에디슨은 교류방식의 위험성을 선전하면서 반격을 시도하였다. 그는 "에디슨사가 경고합니다"라고 적힌 팜플렛에서 웨스팅하우스를 살인자로 몰아세웠다. 팜플렛에는 고전압 교류선에 가까이 갔을 때 발생할 수 있는 위험을 경고하면서 고압 전류에 의해 전기구이가 된 사람들의 명단까지 실었다. 팜플렛의 마지막 부분에서 에디슨은 "이렇게 무서운 교류를 가정에서 사용하시겠습니까?"는 질문을 던졌는데, 팜플렛을 읽은 정상적인 사람이라면 당연히 "아니오"라는 대답이 나오게끔 되어 있었다.

심지어 에디슨은 "전기사형 작전"이라는 치졸한 방법까지 동원하였다. 때마침 뉴욕주는 교수형을 대신할 인도적인(?) 사형 방법을 찾고 있었다. 에디슨은 교류가 "가장 짧은 시간 안에 최소한의 고통으로 사형을 집행시켜 줄 최선의 방책"이라고 주장하면서 사형 집행에 사용될 기구로 웨스팅하우스의 발전기를 제안하였다. 웨스팅하우스가 발전기를 판매할 리는 만무했으므로 에디슨은 우회적인 방법을 통해 구입하였다. 1890년 8월 6일 뉴욕주의 오번 형무소에서는 세계 최초로 전기사형이 실시되어 "전기구이가 된 사형수"에 관한 기사가 언론에 대서특필되었다. 그러나 에디슨의 기대와는 달리 전기사형 작전도 교류의 상승세를 저지하는 데 아무런 역할도 하지 못했다. 결국 웨스팅하우스사는 1893년 시카고

만국박람회에서 에디슨사를 제치고 전기시설 독점권을 따내었다.

에디슨의 또 다른 면모는 축음기에서 엿볼 수 있다. 전류 전쟁이 한참 진행되고 있었던 1887년에 에디슨은 축음기를 상업화하는 작업을 추진했지만 별다른 재미를 보지 못했다. 축음기의 오락적 가능성을 알아차린 사람들은 동전을 넣으면 대중음악을 자동적으로 선택해 연주할 수 있도록 축음기를 주크박스(juke-box)로 변경시켜 상당한 수익을 올렸다. 그러나 에디슨은 축음기를 "속기사 없이 사람의 말을 받아쓰는" 기계로 생각했을 뿐, 음악재생에는 큰 관심을 두지 않았고, 주크박스가 인기를 얻자 사무실 내에서 사용되어야 할 축음기가 왜곡되었다고 생각하였다. 이처럼 에디슨은 대중문화를 선도했던 축음기를 개발했음에도 불구하고 그것을 배경으로 성장한 새로운 문화를 이해하지 못했던 역설적인 삶을 살았다.

〈토마스 에디슨〉

영화의 경우에도 비슷한 얘기를 할 수 있다. 에디슨은 1891년에 "키네토스코프"로 불린 활동 사진기를 개발한 후 1893년에 세계 최초의 영화 스튜디오인 "검은 마리아"를 차렸다. 영화에 대한 사람들의 관심이 급증하자 미국 곳곳에서는 5센트만 내면 영화를 볼 수 있는 극장들이 번창하였다. 5센트 극장은 대중들이 흥미를 느낄 수 있는 영화를 만들고 스타를 키우는 일이나 화면을 크게 하는 일에 과감히 투자하였다.

　이에 반해 에디슨은 흥미보다는 교육과 관련된 영화를 제작하였고, 스타나 화면과 같은 외형적인 것보다는 영사기의 성능을 개선하는 데 많은 노력을 기울였다. 심지어 그는 5센트 극장에서 상영되는 영화들은 선정적이고 폭력적이라고 비판하면서 검열 제도를 적극적으로 지지하였다. 이러한 에디슨의 사업전략은 점점 소비자의 기호와 멀어지게 되어 에디슨은 "영화를 발명했지만 영화사업에서는 실패한 사람"이 되었다.

　기술경영의 관점에서 에디슨의 생애는 오늘날에도 새겨 볼 만한 다양한 쟁점을 제기하고 있다. 과학기술자로 성공하기 위해서는 해당 과학기술에 대한 능력뿐만 아니라 시장을 개척하는 능력도 가지고 있어야 한다. 게다가 자신의 것보다 뛰어난 과학기술이 등장할 경우에는 과거의 과학기술을 과감히 포기할 줄도 알아야 한다. 또한 아무리 우수한 과학기술적 성과를 이루었다 하더라도 그것을 배경으로 등장한 새로운 문화의 흐름도 읽어내야 한다.

혁신(Innovation)

혁신은 기회를 새로운 아이디어로 변경하고 이를 널리 사용하게 하는 방식으로 간주된다. 오슬로매뉴얼에서 제시하는 기업의 혁신 유형은 제품혁신, 공정혁신, 조직혁신 마케팅 혁신 등이 있다.[14]

역량은 개인이나 조직이 역할이나 기능에서 뛰어난 성과를 내는 것과 관련된 내적 특성이다. 마인드(Mind)와 스킬(Skill)을 개인의 역량이라고 한다면 시스템은 조직의 역량이라고 할 수 있다.최근 혁신역량강화라는 말을 많이 사용하는데, 이러한 관점에서 혁신과 관련된 개인과 조직의 역량을 강화시킨다는 의미이다.대부분의 대기업들은 이러한 역량을 공통역량, 관리역량, 전문역량 등으로 구분하고 자체인력개발계획을 수립하여 교육 및 혁신활동을 추진하고 있다. 역량에 의한 관점은 교육공학 또는 인력개발 분야에서 많이 사용한다. 혁신역량은 중소기업의 성장에 큰 영향을 미친다.

최근 '혁신'이라는 단어의 유행은 급변하는 시대상을 반영하고 있다. 이는 많은 기업과 국가, 심지어 개인까지도 앞으로의 시대에는 생존의 전략으로 개선보다는 혁신을 선택하고 있음을 나타낸다. 그렇다고 개선이 의미가 없다는 것이 아니라 전략적으로 혁신에 대한 비중이 더 높아진 것을 의미한다. 개선만으로 생존할

---

14) OECD(2005), Oslo Manual, Guidelines For Collecting And Interpreting Innovation Data, 3rd Edition

수 없다는 절박성을 나타낸 것이기도 하다.

Donald F. Kuratko는 혁신을 네 가지의 기본 유형으로 나누고 있다.[15] 이 유형은 완전히 새로운 것부터 기존의 제품이나 서비스를 개량(Modification)까지를 말한다. 혁신의 네 가지 유형을 독창성(originality)이 높은 순으로 설명하면 다음과 같다.

첫째, 발명(Invention) : 새로운 제품이나 서비스, 프로세스를 만들어 내는 것이다. 이러한 것은 때때로 기발하거나, 전인미답(untried)의 것이다. 이것은 "혁명적(revolutionary)"이라고 불리기도 한다.

둘째, 확장(Extension) : 이미 존재하는 제품, 서비스, 프로세스를 확장하는 것이다. 이것은 현행의 아이디어를 이용해서 새로운 활용방안(application)을 만드는 것이다.

셋째, 복제(Duplication) : 이미 존재하는 제품, 서비스, 프로세스를 따라하는 것이다. 복제는 단순한 모방이 아니라 창업가 본인의 창의성으로 컨셉을 확장시키거나 발전시킴으로써 경쟁자를 이기는 것이다.

넷째, 융합(Synthesis) : 이미 존재하는 개념이나 요소를 새로운 형식으로 결합시키는 것이다. 이미 발명된 여러 가지 아이디어와 아이템을 취하여 그것으로 새로운 활용방안을 찾는 것이다.

---

15) Donald F. Kuratko(2013), Introduction to Entrepreneurship, South-Western Cengage Learning

〈혁신의 유형 및 사례〉

유형	설명	사례
발명 (Invention)	완전히 새로운 제품, 서비스, 프로세스	라이트형제 - 비행기 에디슨 - 전구 벨 - 전화기
확장 (Extension)	이미 존재하는 제품, 서비스, 프로세스의 새로운 또는 다른 활용	Ray Korc - McDonald's Mark Zuckerberg, Facebook Barry Sternlicht, Starwood Hotels & Resorts
복제 (Duplication)	이미 존재하는 개념의 창조적 모방	월 마트 - 백화점 Gateway - 개인용 컴퓨터 Pizza Hut - 피자가게
통합 (Synthesis)	이미 존재하는 개념이나 요소를 새로운 형식이나 쓰임으로 합하기	Fred Smith - FedEx Howard Schultz - Starbucks

기업혁신의 추진 방향 또한 네 가지로 살펴볼 수 있다.[16)]

첫째, '결과' 중심에서 '과정'으로의 변화 : 중심단기적인 혁신의 성과를 추구하면서도, 지속적인 성과를 얻을 수 있는개인 및 조직의 역량이 강화되는 방향으로 혁신을 추구해야 한다.

둘째, '기법' 중심에서 '참여' 중심으로의 혁신 : 기법에 너무 의존한 혁신이 아니라 혁신의 올바른 방향을 이해하고, 즉시 실천할 수 있는 과제를 발굴하여 전원참여를 통해 혁신을 추진해야한다.

셋째, '따라하기' 중심에서 '자가진단' 중심으로 혁신 : 다른 기업에서 하는 혁신활동을 무조건적으로 따라하는 것이 아니라, 스스로 자사의 수준을 진단하고, 수준에 맞는 혁신방법을 선택하여

---

16) 중소기업청&한국생산성본부(2015) 중소기업혁신 전략

추진해야 하는 것이다 .

마지막으로, '부분 최적'에서 '전체 최적'으로 혁신 : 기업 전체 시스템 차원에서 최적을 추구하는 혁신을 추진해야 한다는 것을 이야기 한다.

혁신의 한 사례로 로컬 모터스를 살펴보자. 로컬 모터스는 GM 이 6년에 걸쳐 65억 달러를 투자해 개발한 전기자동차를 불과 18 개월만에 300만 달러로 만들어 이슈가 되었다. 신차 '랠리파이터'는 영화 트랜스포머에 등장하기도 했다. 로컬모터스는 IT기반 제조업으로 IT 기술을 제조 공정에 적극 활용한 혁신 기술을 높이 평가받고 있다

〈로컬모터스〉

LM3D Swim - Safe Smart Sustainable -- 3D-Printed Car by Local Motors (2015)

자료 : https://youtu.be/daioWlkH7Zl

로컬모터스가 시도한 이노팩처링(Inno-facturing)은 'Innovation(혁신) + Manufacturing(생산)'의 합성어로 조립을 제외한 대부분의

공정이 인터넷에서 공개적으로 이루어진다는 점이 특징이다. 차체와 섀시, 인테리어와 같은 디자인 과정을 온라인상에서 의견을 나누고 최종적으로 완성된 샘플 몇 개를 투표에 부쳐 결정하는 과정을 거친다.

특히 연구개발(R&D) 과정은 일반 제조사들과 정 반대로 움직인다. 보통 신기술 개발을 위해 상당히 높은 수준의 보안등급은 유지하는데, 로컬모터스는 개발 전 과정을 공개하는 '오픈소스(Opensource)' 방식을 채택해 차량과 관련된 모든 아이디어를 유저들이 제안하고 자유롭게 변형 및 재배포 할 수 있다. 이 과정 속에서 분야별 전문가 의견이 멘토 형식으로 포함되기도 하며 만약, 개발 과정 중 문제가 생기면 실시간으로 오류를 잡아간다. 직원이 아닌 제삼자들이 진행한다는 점은 기존의 아웃소싱과 같지만, 불특정 다수가 지식을 공유하는 '크라우드 소싱(Crowd Sourcing)'의 형태로 기존의 방식과는 다르다.

■사업에 혁신을 도입하는 세 가지 방법

1. 혁신이 당신의 조직에 무엇을 의미하는지 결정하라

누군가에게 혁신은 경쟁에서 뒤처지지 않기 위한 성과 개선을 의미하고, 또 다른 누군가에게는 불가능을 가능으로 만드는 작업을 의미한다. 한 가지 분명한 점은, 기업 내에서 혁신의 의미 공유가 중요하다는 사실이다. 쉽지 않은 일이지만, 조직 목표에 대한 이해를 공유하지 않고서는 얼마나 '실질적인' 혁신을 이루고 있는지 또한 실제로 성과를 낼 수 있는지 알 수 없다.

혁신을 장기 계획으로 추진하기 위해 조직의 다양한 이해 당사자들과 교류하기를 두려워하지 말아야 한다. 혁신의 방향을 확립해야 새로운 기회를 모색하고 적응할 수 있다.

2. 고객의 니즈뿐만 아니라 그들의 지식까지 활용하라

불가능을 가능으로 만들 수는 있다. 그러나 그것이 고객이 진정으로 원하는 바인가? 고객 기업의 조직문화, 역사, 지리적 위치에 모두 부응하는가? 여러분의 제품이나 서비스가 지나치게 정교하여 오히려 고객 기업에 시스템 오류 등의 문제를 초래하지는 않는가?

이러한 문제를 간과하면 대가가 뒤따를 수 있다. 혁신은 단순히 허울뿐인 약속이 아니다. 고객의 말에 귀를 기울이면 놀라운 아이디어를 얻을 수도 있다. 고객 기업 또한 해당업계에서 경쟁력을 갖추었으며, 당신의 회사 제품에 대해 당신이 미처 파악하지 못했던 점을 알려줄 수도 있다.

궁극적으로, 고객 니즈에 대한 이해가 확보되어야 동반성장을 위한 협력 관계가 구축되고 함께 성공을 추구할 수 있다.

3. 새로운 인재를 영입하라

체계적 혁신은 적절한 인재의 영입을 의미한다. 정해진 규칙, 위계질서, 전통에 집착하거나 학력 또는 전문지식에 따라 채용하던 시대는 지나갔다. 오늘날의 근무 환경은 개방적이고 협력적이다. 진정한 혁신을 원한다면 구체제 붕괴가 필수적이다.

머지않아 전세계 노동력의 다수를 차지하게 될 젊은 밀레니얼 세대는 바로 이러한 직장에서 활약하게 될 것이다. 밀레니얼 세대는 간혹 부정적인 평판을 듣기도 하지만, 기술적응력이 높고 창의적이며 융통성이 있다. 이 젊은 인력들은 도전, 실험, 창조에 대한 자율성과 자유를 보장하는 기업을 선호한다.

이 가치들을 간과해서는 안 된다. 학습이 가능한 기술보다는 '소프트 스킬'을 갖춘 인재를 채용해야 한다. 밀레니얼 세대에 우호적이고 그들의 성장을 지원하는 조직은, 혁신성이 비교적 낮은 다른 기업들에 비해 훨씬 성공적이라는 사실이 이미 입증되고 있다.

혁신은 성장으로 이어지는 촉매제가 될 수 있고, 시장에 적응하여 번창할 수 있는 지름길이 되어주기도 한다. 기업이 사업 구조에 혁신을 도입하기 위해서는 이러한 숨어 있는 요소들을 발현시켜야 한다.

자료 : GE리포트 코리아(2017)
http://www.gereports.kr/3-ways-build-innovation-business/

시장(Market)

기업은 새로운 사업기회에 도전하고 경쟁에서 우위를 확보하면서 한 국가의 산업성장을 주도한다. 이러한 사업기회들 중에서 기업의 해외시장 진입은 기업성장을 위한 중요한 기회이면서 치열한 경쟁을 갖게 한다. 주지하다시피 기업의 해외시장 진입방식 형태는 단순수출에서부터 라이선싱, 합작투자, 단독투자 등에 이르기까지 다양하다.

우리나라 기업들도 순서와 정도의 차이는 있으나 대체적으로 수출단계에서 출발하여 해외시장경험이 축적됨에 따라 해외 직접투자에 의한 다국적기업의 단계로 발전하고 있다.

〈해외시장 진출방법〉

진출방법		내용
수출	장점	현지국에 제조설비를 건설하는 투자비용 피할수있으며, 규모의 경제를 실현할 수 있음.
	단점	해외에서 저렴하게 생산가능 할 경우 수출이 부적절, 운송비용이 높을 경우, 무역장벽(관세 및 비관세)이 있을 경우, 현지국기업에게 유통, 마케팅을 위임할 경우 이해상충 가능성.
라이선싱 (프랜차이징)	장점	투자비용과 위험이 적음(잘 모르거나 정치적으로 불안한 외국시장).
	단점	기술보호의 어려움, Licensee들은 각자의 국내시장만 목표로 하므로 규모의 경제가 없으며, 글로벌 전략을 위한 조정이 어려움(Licensee간의 이해충돌 가능성).
합작회사 (J/V)	장점	현지 파트너의 지식활용, 비용과 위험을 파트너와 공유, 정치적 용인가능성.
	단점	기술보호의 어려움, 글로벌 전략을 위한 조정이 어려움, 파트너간 이견 발생시 갈등과 충돌가능성.
단독투자 (WOS)	장점	기술적 노하우 보호, 자회사에 대한 강력한 통제권을 바탕으로 글로벌 전략을 위한 조정이 용이함.
	단점	투자비용과 위험을 스스로 부담하여야 함.

Buckley(1989)[17]는 중소기업의 해외진출을 다음 세 가지로 설

명한다. 첫째, 해외진출을 중소기업 성장과정의 하나로 이해할 수 있다. 그는 중소기업의 해외직접투자를 기업활동과 관련된 위험 회피와 효과적인 의사결정을 위한 정보수집과 관련된 집약적경영 활동(management intensive activity)이라고 주장한다. 물론 중소기업의 대부분 경인은 정보와 경 기술이 부족해 기업을 위험에 빠뜨리기도 하지만 투자 경험이 누적되면 성공할 가능성이 높아진다고 주장한다. 둘째, 기업의 진화 측면에서 볼 때 수출역량을 갖추고 수출에 성공한 기업은 해외직접투자를 할 수 있는 중소기업으로 진화한다고 주장한다. 그는 영국사례를 활용해 국내시장에 상품을 공급하던 기업이 성장하여 수출기업이 되었지만, 최종적으로 해외직접투자에 성공하지 못한 기업은 결국 도태되었다는 점을 보여주었다. 따라서 중소기업의 진화적 관점에서 국제화(internationalization)는 중요한 의미를 지닌다고 볼 수 있다.

■개발사 대표 4인에게 물었다 '해외진출의 조건'

◇말랑스튜디오＝ '알람몬'의 개발사 말랑스튜디오는 2011년 5명의 대학생이 모여 만든 곳인다. 2013년 법인 설립후 다양한 라이프스타일의 생활밀착형 앱을 개발 중이다. 그 중 '알람몬'은 전세계에서 2700만건의 다운로드를 기록한 앱으로 아침에 반드시 일어나야만 하는 피곤한 직장인을 위한 앱이다. 액션/리듬 게임 같은 다양한 미션을 통과해야만 알람을 끌 수 있는 독특한 UX를 통해 매일 아침

---

17) Buckley, Peter J. 1989. "Foreign Direct Investment by Small and Medium Sized Enterprises : The Theoretical Background." Small Business Economics . 1, pp. 89-100.

50만 명을 '강제기상' 시키는 중이다.

— 말랑스튜디오 김영호 대표

당뇨 관련 앱 등 6개 프로젝트를 실패 후 '사람에게 가장 필요한 것을 개발하자'라는 본질적인 고민에서 나온 앱이 바로 알림몬. 2012년에 알림몬 출시후 반년 만에 다운로드 1위에 오를 시점에 했던 고민이 시장 확대였고 해외 진출을 자연스럽게 떠올리던 시기였다. 현재 해외 진출은 대만을 시작으로 중국 본토까지 넓혀갈 전략을 구상 중이다. 물론 처음부터 잘된건 아니다. 제일 먼저 진출한 미국은 실패를 경험한 케이스다. 실패 원인으로는 여러가지 이유가 있지만 마케팅과 시장에 대한 이해의 부족이 제일 컸다.

알람 서비스는 다 똑같을거라 생각했기 때문이다. 라이프스타일이나 문화가 다르기 때문에 똑같은 기능도 다르게 받아 들이는 경우가 많다. 우리가 알람을 맞추는 이유는 몇시에 일어나야만 몇시 버스를 타고 지각하지 않아라는 '데드라인'이 존재해서다. 미국은 근무 시간이 비교적 자유롭기 때문에 이런 심리적인 데드라인이 존재하지 않는다. 알람의 목적 자체가 다르단 얘기다. 알림몬 이외에 해외에서 성과를 내고 있는 서비스는 지하철 앱이다. 한국에서 많이 쓰는 앱이지만 중국어, 일본어, 영어를 지원해 국내에 방문하는 인바운드 여행자들이 한국 여행전 가장 많이 다운로드 받는 앱이다.

◇팀 불로소득 = 블로소득이라는 팀명처럼 '노동을 하지 않고 삶의 질을 높이려는 목표'로 게임을 만드는 개발사다. 아트 디자인을 담당하는 이유지 공동 대표와 함께 2인으로 구성된 인디 게임 개발팀으

로 대표작인 레튼은 김 대표가 직접 창작한 단편소설을 토대로 2015년부터 게임화한 작품이다. 현재 97만 다운로드로 그 중 90%가 이상이 해외에서 발생하는 중이다.

— 팀 불로소득 김준영 대표

인디 게임은 마케팅이나 전략 부분에서 대형 제작사와는 다른 노선을 걸어야 하지만 그렇다고 너무 차별화의 격차가 클 경우 자칫 마이너로 빠질 공산이 큰 만큼 완급을 조절하는 게 중요하다고 조언했다. 글로벌 출시의 경우 처음부터 계획한 게 아니라 출시할 때 이미 한글, 영어 두 가지를 지원했다. 당시 미국에 거주하는 지인에게 부탁해 번역한 영문을 그대로 사용해 번역 품질이 좋진 않았지만 이후 정부 지원 사업을 통해 일어, 중국어 등 현재는 11개 언어를 제공 중이다.

사우디아라비아 지역에서 인기가 높았는데 이유를 알아보니 인터넷 환경이 좋지 않은 곳에서 게임 플레이가 가능해서였다. 러시아에서는 유저가 공짜로 번역을 해주겠다고 메일이 와서 반강제로 러시아어 지원을 하게 된 케이스. 인디 게임 행사에 참가하면 열정적으로 플레이하는 코어 유저를 만날 수 있고 구글 플레이 같은 행사는 실제 게임을 하는 일반 유저를 만날 수 있는 장소라 귀띔했다.

◇프로그램스＝왓챠플레이의 개발 배경엔 평소 박 대표의 생각이 고스란히 녹아 있다. '모든 사람에게 동일한 화면을 보여주는 게 불합리하다'고 생각했고 개인화, 자동화, 추천이 가능한 알고리즘을 개발 후 처음 적용한 아이템이 영화였다. 현재 한국과 일본에서 정식

서비스 중으로 한국은 400만, 일본은 10만(영화, 드라마, 애니) 다운로 드를 기록하며 순항 중이다. 월정액 VOD 서비스인 만큼 최신작을 제공하는 IPTV와 달리 개인화된 추천이 매우 중요한 데 한국에서 40개가 넘는 메이저 저작권자와 계약해 취향에 맞는 롱테일 콘텐츠 를 사용자에게 공급 중이다. 직원의 절반이 개발자, R&D엔지니어 로 북미 시장 공략을 위해 영어 버전을 준비 중이다.

— 프로그램스 박태훈 대표

서비스 개발자 입장에서 해외진출은 '로망'이었다. 해외에서 잘하는 게 목표가 아니라 우선은 국내에서 살아남는 게 목표였다. 한국은 영화가 개봉하면 특정 영화 멀티플렉스를 선점하지만 일본은 성향 이 다르다. 일단 애니메이션은 기본적으로 좋아하는 것 같다(웃음). 좋아하는 취향이 개인마다 명확하다. 플레이 스토어 평점의 경우 한 국이 120개, 일본이 115개 정도로 반응은 비슷하게 나타난다.

◇하이디어=건축공학을 전공하고 게임 개발사에서 아트디렉터로 7 년간 근무하다 퇴사 후 창업한 1인 개발사다. 직장에서의 다양한 경 험이 레퍼런스가 됐고 게임 개발 경력의 전부였다. 창업을 한 이유 는 단순히 근무하던 회사가 망해서였다. 꽃길만 걸었던 게 아니었기 에 회사 생활을 다시 하고 싶지 않았다고. 아내의 허락을 받고 반년 간의 시간을 허락받아 나온 게임이 바로 지난 2012년 12월에 출시 한 '언데드 슬레이어'이다.

— 하이디어 김동규 대표

후속작인 로그라이프는 전작의 성공으로 세상에 나올 수 있었던 게임이다. 게임 출시는 2년이 지났고 올해초 해외 진출을 본격화해 현재 매출은 8:2 정도로 해외가 높은 편이다. 태국, 싱가포르, 말레이시아, 필리핀 같은 동남아시아 뿐만 아니라 중남미에서도 예상보다 반응이 좋다. 출시 시점의 직원이 대표를 포함해 4명이었기 때문에 해외 진출을 생각할 여력이 없었다. 대신 제품 완성도를 높이고 국내 유저를 대상으로 피드백을 받아 완벽한 버전으로 다듬은 다음 해외로 나가자는 전략을 썼다. 이를 위해 꼬박 1년의 시간이 걸렸다. 진출할 국가를 정하고 잘 제대로 공략이 된 경우는 없었다. 초기작인 언데드 슬레이어의 경우 '관우'가 좀비로 변하는 게임이라 중국 빼고 다 잘될거라 생각했지만 도리어 중국에서 대박이 났다. 한국이 아닌 동남아 지역에서 몇 배씩 다운로드가 일어나는 경우도 적지않다. 인디 게임 페스티벌 같은 곳에 참석해 유저의 살아있는 피드백을 받아 적용하기 좋은 기회다.

힘(HIM)을 키우는 4가지

최근 대학생들을 대상으로 직장 선택 요인을 조사한 결과 임금보다 근무 환경을 더 중요하게 여기는 것으로 나타났다. 중소벤처 기업들은 청년들에게 일할 수 있는 동기와 미래 비전, 인재에 대한 투자, 좋은 기업 문화와 근무 환경을 제공할 필요가 있다. 이는 힘(HIM)을 키우는 4가지 조건이자, 혁신의 밑바탕이 되며 나아가 성과를 높이는 원동력이 될 것이다.

〈HIM을 키우는 4가지 요소〉

기업문화　　근무환경　　인재개발　　성과공유

① 기업문화

기업문화는 조직구성원의 행동을 형성하고 의사결정 등 조직 내에서 사람들 간의 관계에 영향을 주는 조직을 둘러싸고 있는 분위기나 환경을 말한다. 주로 기업 내에 존재하는 전통, 관습을 의미하기도 하며, 기업의 핵심가치로 대표되기도 한다.

기업문화의 경직성은 중소기업의 혁신에 발목을 잡는 경우가 많다. 혁신을 추진하는 과정에서 조직간 이해관계의 상충으로 갈등구조가 형성되거나 신뢰하지 못하는 경우가 많아 거부와 저항이 나타나는 것이다.

기업문화는 구성원들의 행동, 받아들이는 방식, 사고방식, 느낌 등에 많은 영향을 준다. 그리고 기업문화에 의해 결정되는 조직의 행동, 사고방식 등은 조직이 결과를 얻는데 결정적인 역할을 한다. 그만큼 기업문화는 기업 경쟁력의 중요한 요소로도 인식되고 있어 기업경영의 효과성을 측정할 때 고려요인이 되기도 한다.

하지만 기업문화의 실체를 바로 보기는 쉽지 않다. 앉아서 꼭 무엇인가 해야만 하는 행동이 그 회사의 기업문화일까? 아니면 아무것도 안 하고 앉아 있는 것을 빈둥거리는 것으로 보는 사고방식이 기업문화일까? 기업문화가 있다는 것은 모두가 알지만 무엇이 기업문화인지 정의하려고 하면 상당히 모호해지는 것이 사실이다.

에드거 샤인(Edgar H. Schein)이 기업문화를 세 가지 차원으로 구분한 내용을 빌려보자. 그에 따르면 첫째, 기업문화를 구성하는 차원들 중 가장 표면에 있고 눈으로 관찰할 수 있는 영역은 인위적인 결과물의 차원이다. 문화는 기업 내에서 사람들이 사용하는 언어, 상호작용 등 모든 행동과 제품, 계층 구조, 업무 환경이나 방식 등 모든 구조와 프로세스를 통해서 볼 수 있다. 이런 인위적 결과물들은 일종의 문화적 증거라고 할 수 있다. 행동과 결과로 나타나는 인위적인 결과물들은 관찰하기 쉬우며 기업문화 전반을 이해하기 위한 첫 단추이다.

인위적인 결과물들은 파악하기는 쉽지만 이것만 가지고 그 이면에 깔린 의미를 알아내기는 힘들다. 만약 단순히 인위적인 결과물들만 가지고 기업문화를 추측한다면 그것이 올바른 추측이 될 가능성은 매우 낮다. 왜냐하면 의미를 파악한다는 것은 그것을 누군가의 시각으로 해석한다는 것인데, 이 경우에는 해석하는 당사자의 선입관이나 느낌, 반응 등이 해석에 반영될 수 있기 때문이다. 예를 들면, 관점 디자이너로 유명한 박용후 대표가 있었던 회사는 출근 시간, 퇴근 시간을 없애고 불필요한 격식을 줄였다고 한다. 그런데 이 회사를 보고 어떤 기자는 이런 엉망진창인 회사가 돌아가기는 하겠냐고 말했다고 한다. 그 기자는 격식에서 벗어난 행위가 노는 것이나 업무가 아니라는 선입견을 가지고 있었기 때문이다. 결국 자신의 경험과 생각에 비추어 해당 회사를 비효율적이고 일을 못하는 조직으로 본 것이다. 하지만 실제로 바뀐 업무 방식의 결과는 좋았다고 한다.

이처럼 기업문화를 이해하기 위해서는 보이는 행동과 결과들을 파악하는 것만으로는 부족하다. 더 깊이 있는 기업 문화의 이해를 위해서는 구성원들과 그들의 행동에 있어서 무엇이 중요한지, 어떤 원칙을 따르고 있는지 이야기를 해보는 것이 필요하다.

둘째, 기업문화의 두 번째 차원은 표방하는 가치, 즉 말해지는 가치이다. 대부분의 집단은 그들만이 표현하고 있는 믿음이나 가치가 있다. 많은 기업들이 고객 중심을 외치고, 투명성, 솔직함, 합리성, 협업 등에 가치를 둔다. 이러한 믿음과 가치들은 대부분 기업 초기의 창업자의 가치를 따르거나, 기업이 새로운 업무를 시작하거나 위기를 헤치며 생성된 가치일 수도 있고, 효과적이라고 생각되어 따르는 가치일 수도 있다. 그리고 많은 경우 사람들은 자신들이 이러한 가치에 따라 행동한다고 이야기한다.

하지만 표현되는 가치만 가지고는 사람들의 행동을 설명하기가 쉽지 않다. 추구한다고 말하는 가치들이 행동 수준까지 반영된다면 좋겠지만 그런 행동들은 일부에 지나지 않는다. 일단, 대부분 표현 가치는 추상적인 경우가 많다. 따라서 그것을 항상 염두에 두고 행동으로 연결하는 것이 쉽지 않고 어떤 행동이 그 가치를 추구하는 것인지 아는 것도 쉽지 않다. 뿐만 아니라 추상적인 가치의 경우 받아들이는 사람의 상황이나 가치관에 따라 그 해석이 달라질 수 있어 기업 내에서 실천적인 형태로 공유되기 어렵다. 게다가 표현되는 믿음과 가치들은 제대로 검증되지 않은 채로 추구될 때가 많아서 그 가치들이 서로 충돌하는 경우도 있다. 예를 들면 최고의 성능과 최저의 비용을 함께 추구하거나 개인 책임과 도전을 가치로 보면서 빠른 보고 및 지시를 통한 효율성 또한 추구한다면 이는 동시에 추구하기 힘든 믿음들과 가치들을 표현하고 있다고 볼 수 있다.

기업문화를 파악하는데 표현 가치가 무슨 의미가 있나 하겠지만, 이런 것들을 반드시 파악해야 하는 이유는 더 깊은 탐사를 위해서이다. 위에서 보았듯이 표방되는 가치는 그 자체로 기업 문화의 기반이 될 수 없다. 하지만 사람들이 말하는 가치를 알게 되면 첫 번째 차원인 행동과 결과들과의 비교를 통하여 둘 간의 불일치에 관하여 이야기할 수 있게 된다. 표현 가치를 알아야만 행동과 결과 이면에 깔린 진짜 믿음과 가치들에 관하여 탐구할 수 있는 것이다.

셋째, 근본적인 가정들이다. 아지리스(Chris Argyris)의 표현을 빌리면 사용 이론(Theory in use)이라고 할 수 있다. 조직 내에서 일어나는 행동의 이면에 깔린, 사람들이 실제로 사용하고 있는 믿음과 가치들이 기업문화의 세 번째 차원이며 실질적으로 기업문화를 결정하는 핵심적인 부분이다.

조직 안에서 어떤 방법이 반복적으로 잘 통한다면 그것은 점차 당연스럽게 받아들여진다. 이러한 당연스러운 범주 안에는 조직에 긍정적인 영향을 주는 것들도 있지만 많은 경우 구성원들의 결점을 가리기 위한 방어적 사고들이 포함된다는 것이 문제이다. 예를 들면 어떤 회사에 갔을 때 이런 이야기를 들은 적이 있다.

"대표님께 중요한 것은 회사나 우리가 아니다."

재미있는 것은 그 회사의 대표는 이러한 직원들의 인식에 대해 전혀 모르고 있었다는 점이다. 회사에는 이미 저런 인식이 퍼져있었고 사실처럼 받아들여지고 있었는데, 누구도 대표와 해당 관점에 관하여 이야기해본 적이 없었다. 이러한 인식은 단지 추측에 의해서, 그리고 그 추측을 합당해 보이게 만드는 일련의 사건들을 통해서 점차 강화되었고 사실처럼 받아들여지고 있었다. 물론 회사의 대표가 회사나 직원에 대해서 중요하게 생각하지 않는다는 것은 전혀 사실이 아니었다. 하지만 대표의 일련의 행동들을 해석하는데 있어 저 추측은 타당해 보이는 면이 있었고, 반복적으로 특정 행동들을 해석하는데 성공적이 되면서 추측이 믿음으로 변해버린 것이다.

근본적인 가정들이 믿음이 되고 가치가 되면 무서운 점은 사람들이 그 가정에 의거하여 행동한다는 점이다. 위의 조직의 경우 필요한 만큼만, 눈 밖에 나지 않을 만큼만 일하면 된다는 생각과 그에 맞는 행동들이 나타났는데 이는 기업에 있어서 결코 바람직한 현상이 아니다.

근본 가정들은 구성원들이 행동과 태도, 그리고 다른 사람들과 기업 내 사건에 대한 해석과 느낌을 결정한다. 하지만 이러한 믿음과 가치들은 논의되기가 힘들다. 대부분의 경우 당연하게 받아들여지고, 따라서 바꾸는 것도 쉽지 않다. 단순히 위의 예를 본다 해도 누가 저런 부정적인 관점에 관하여 이야기를 시작할 수 있을까? 말할 수 없기 때문에 기업의 문화가 되고 바뀌기 힘들어지는 것이다.

최근 이슈가 되고 있는 우아한 형제들의 문화를 살펴보자. 김봉진 대표가 생각하는 우아한형제들에게 회사란 '평범한 사람들이 모여 비범한 성과를 만들어 내는 곳'이다. 이같은 생각은 '좋은 조직은 개인의 강점을 극대화 하고 약점은 무력화 할수 있어야 한다'는 피터드러커의 경영철학을 바탕으로 하고 있다. '건강한 조직문화'를 만들기 위해 '존중'과 '배려'의 협동 전신으로 서로에게 인간적인 예의를 다하는 가운데, '고객창출' 및 '고객만족'이라는 궁극적인 목표를 실현하기 위해 끊임없이 노력하는 조직이 되어야한다는 것이다. 이를 위해 다음과 같은 11가지 방법을 제시하기도 하였다.

〈우아한 형제들이 추구하는 일하는 방식〉

우아한형제들
송파구에서
일 잘하는 방법 11가지

1 **9시 1분은 9시가 아니다.** 9시는 一긴밀 하게 사용 다함께인 걸개를 지켜줘니다.
2 **업무는 수직적, 인간적인 관계는 수평적.** 우리회장에서는 직급보다앞 수직자-수평의 원칙으로 움직인다.
3 **간단한 보고는 상급자가 하급자 자리로 가서 이야기 나눈다.**
4 **잡담을 많이 나누는 것이 경쟁력이다.** 작은관심을 커진다. '잡담'이란 '잡다한 담소'가 아니다.
5 **개발자가 개발만 잘하고, 디자이너가 디자인만 잘하면 회사는 망한다.**
6 **휴가 가거나 퇴근시 눈치 주는 농담을 하지 않는다.** 쉬는 농담구나 눈치없는건 사무가 아닙니다. 상사라고 눈치주게 되면 등.
7 **팩트에 기반한 보고만 한다.** 본 결과 본게면 이곳이나 좋은 느낌은 용분명을 노와야하니.
8 **일을 시작할 때는 목적, 기간, 예상산출물, 예상결과, 공유대상자를 생각한다.** 이 5가지모두어우어로 공유해야 그리고그게됨의요.
9 **나는 일의 마지막이 아닌 중간에 있다.** 개별 말로 재무, 데이터로해보니다, CX 법칙부터 등
10 **책임은 실행한 사람이 아닌 결정한 사람이 진다.** 300명이 아닌 서업만 당야나니, 최고의 인재로 넘어 수 있도록 도와주는 분이.
11 **솔루션 없는 불만만 갖게 되는 때가 회사를 떠날 때다.** 〈불만과 커뮤니케이 그 이너진다〉 이에이즘──

 이러한 방법은 작고 사소한 규율을 통해 스스로의 원칙과 규칙을 세워 일할 수 있는 자율적인 문화를 만들어가고 구성원들끼리 자연스럽게 이야기를 이어갈 수 있어야하며 잡담을 통해 커뮤니케이션 벽이 낮아질 수 있다고 보고 있다. 회사를 하나의 사회를 보고 자신의 업무를 넘어서 참여하고 봉사하고 헌신해 건강하고 강한 공동체가 되도록 힘써야하며 상대방의 입장에서 먼저 물어 봐주는 등 인간적인 배려심을 발휘할 수 있음을 강조하는 등 그들만의 문화를 정착해 나가는데 앞장서고 있다.
 직원 존중의 필요성에 대해 이야기 하는 것 중 '메디치효과(Medici effect)'라는 것이 있다. 중세 이탈리아의 메디치 가문이 음악가, 미술가, 철학자 등 여러 분야의 전문가들을 한자리에 모음

으로써 이들간의 교류에서 생긴 시너지가 르네상스라는 혁신의 시대를 만들어 낸 데서 생겨난 용어다.

직원을 존중하는 문화를 만들기 위해 처음에 아이디어를 내면 포상금과 휴가를 주기도 하지만 물질적인 보상을 받고도 인정받은 것 같지 않다는 느낌을 받을 때가 있는 반면, 감사의 말 한마디에도 '나를 존중하고 있구나'라고 느낀 적이 있다. 진심으로 존중하는 조직에서 제안들이 지속적으로 나와 활성화 되는 사례가 많은 것이다.

②근무환경

근무환경은 효율적이고 창의적으로 업무를 수행할 수 있도록 심리적·신체적으로 쾌적한 환경을 조성하는 것이다. 즉, 조직 구성원이 일상 사무를 처리하는 데 있어서 환경의 쾌적성과 분위기의 조성 또는 능률적인 조직, 조직 및 용품설치, 배치 등의 물리적 여건과 심리적인 요소 등이 적합한가 여부를 말한다.

근무환경의 변화는 스타트업 등 젊은 기업들을 중심으로 늘어나고 있다. 이들은 창의적인 사고방식과 아이디어 배출을 위해 직원들의 복지와 편안한 업무 환경을 강조한다.[18] 젊은 구직자들도 유연한 근무조건을 내세운 기업들의 변화에 이끌려 연봉이 높지 않더라도 일상 속 복지를 누릴 수 있는 직장을 찾고 있는 추세다. 또한 삶의 질을 중시하는 근무환경에 매료돼 과감히 이직을 택하는 청년 직장인도 늘고 있다.

---

18) http://hankookilbo.com/v/0d41756b5b4c4fc2b5c140019d87c43b

이러한 흐름에 따라 워라밸세대가 등장했다. 워라밸이란 'Work Life Balance'의 약자로 일과 개인생활의 균형성을 일컫는 신조어다. 워라밸 세대는 이러한 균형성을 통해 칼 퇴근과 사생활 등을 중시하며 취직을 '퇴직 준비'와 동일시하는 경향을 보이는 세대를 말한다. '하고 싶은 일' 보단 '해야 하는 일'에 집중하고 승진, 보수 등을 중시했던 기성세대와 큰 차이를 보이며 높은 연봉보다 야근을 덜 하는 것을 선호한다.

빡빡한 일상으로부터의 해방을 의미하는 '리프레시(Refresh) 휴가'와 '자율출근제'는 달라진 기업문화를 대변하는 대표 사례다. 한 달에 한 번 2시간 늦게 출근하거나 2시간 일찍 퇴근이 가능하게 하거나 경조사 등 개인적 용무가 있을 때 조기 퇴근을 허락하는 식이다. 창의력이 중요한 스타트업들은 한 술 더 떠 사업 특성을 감안한 맞춤형 복지를 제공하기도 한다.

취업포털 '잡코리아'가 남녀직장인 1,105명을 대상으로 '일과 생활의 균형 체감 현황'에 대해 조사(2017)한 결과, '현재 일과 생활이 균형을 이루고 있나'라는 질문에 전체 응답자 10명 중 6명이 '아니다'라고 답했으며 일과 생활의 균형을 위해 필요한 것에 대한 질문에는 정시퇴근과 근로시간 단축을 꼽았다. 최근 금융권에서는 직원들의 일과 생활의 균형을 위해 '유연근무제'를 도입하는 기업들이 속속 등장하고 있는데, 직장인들에게 '만약 회사에서 유연근무제를 도입한다면 참여할 의사가 있는지'를 물었을때 응답자의 91.5%가 참여할 의사가 있다는 답을 하였다. 유연근무제의 형태로는 자율출근제도가 58.01%로 나타나는 등 근로자가 원하는 근무환경은 기존과 다른 형태임을 알 수 있다.

대통령직속 청년위원회[19]가 발표한 '스타트업 근무환경 조사 결과'를 보면 '현재 근무조건에 만족한다'는 응답은 스타트업 재직자(46.4%)가 대기업·공공기관 재직자(40.0%)보다 높게 나타났다. '매우 만족한다'는 비율도 스타트업(14.9%)이 대기업(7.7%)과 비교해 두 배 가량 많았다.

〈스타트업 근무환경 조사〉

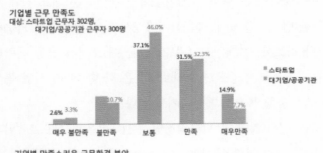

기업별 근무 만족도
대상: 스타트업 근무자 302명,
대기업/공공기관 근무자 300명

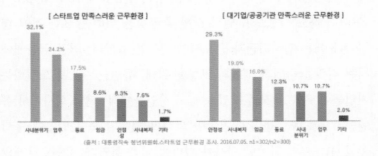

기업별 만족스러운 근무환경 분야
대상: 스타트업 근무자 302명,
대기업/공공기관 근무자 300명

(출처 : 대통령직속 청년위원회,스타트업 근무환경 조사, 2016.07.05, n1=302/n2=300)

---

19) 대통령직속 청년위원회(2016), 스타트업 근무환경 조사 결과

대통령직속 청년위원회가 개최한 톡 투 스타트업 상반기 종강파
티에서 패널토크에 참여한 스타트업 대표와 임직원이 모인 자리
에서는 다음과 같은 이야기가 나왔다. 먼저 다음커뮤니케이션에
서 근무하다 우아한형제들(배달의민족)로 이직한 이현재 실장은 "대
기업에 비해 회사 분위기가 밝고 구성원 개개인의 영향력도 커 많
은 성취감을 느낄 수 있다"고 말했다. 그리고 드라마앤컴퍼니(리멤
버)의 정현호 최고재무책임자(CFO)는 씨티은행에서 기업금융을
심사하다 합류했다. 그는 "금융은 한 사람의 실수가 대형 사고로
이어지니 각 개인의 능력이 아닌 시스템 중심적으로 회사가 운영
된다"며 "시스템 안에서 가이드라인에 따라 주어진 일만 기계적으
로 처리하던 것에 비해 지금은 개인의 능력을 아무 제약과 안내
없이 한계까지 발휘한다"고 털어놨다. 이어 "매일 겪는 다양한 상
황에서 스스로의 한계를 체감하지만 그때마다 자신이 성장했다는
성취감을 크게 얻는 것이 매력적"이라고 덧붙였다.
　　이처럼 스타트업 종사자들은 대기업에 비해 수평적이고 자유로
운 분위기와 자율적인 업무 수행에서 발생하는 성취감을 높은 만
족도의 비결로 꼽았다. 대기업들 사이에서도 호칭을 직급으로 부
르지 않거나, 자율출퇴근제, 재택근무제 등을 도입하는 등 신생
벤처의 수평적 기업문화를 적극 받아들이려는 움직임이 감지되고
있다.

③ 인재개발

기업과 조직 구성원은 상호 발전을 추구하는 공동 운명체이며,

이러한 관점에서 인재를 개발하는 것이 필요하다.[20] 그 동안 우리나라의 많은 기업들은 종업원을 진정한 파트너로 인정하기보다는 경영의 수단으로 인식하는 경향이 강했으며, 이로 인해 경영진과 종업원들 간에 갈등과 불신의 골이 깊어지고, 매년 연례행사처럼 노동 투쟁이 일어났다.

기업들은 그간의 경험으로 기업과 종업원은 다른 길을 가는 것이 아니라 공동의 목적을 달성하기 위해 서로 협력하는 공동 운명체임을 깨닫게 되었다. 존중하고 인정하는 기업문화 속에 우수 인재가 모이며 성공의 기반을 마련할 수 있다. 우수 인재가 모이는 기업이 인적자원의 경쟁우위를 바탕으로 지속적인 성장이 가능한 것이다.

이처럼 기업들은 조직의 성과 향상을 목적으로 인재개발을 수행하고 있다. 그리고 인재개발 시에는 일정한 기간 동안 고용주에 의해 제공되는 현장훈련(on-the-job training), 집합훈련(off-the-job training), 자기계발(self-development) 등의 방법을 사용한다.

여기에서 인적자원의 영역을 인적자원 기획, 인적자원 개발, 인적자원 활용의 3영역으로 구분할 때 인적자원개발을 인재개발과 같은 의미로 활용할 수 있다. 인재개발은 보통의 인력자원보다 높은 수준의 고급 인력자원에 초점을 맞추고 있기 때문이다.

기업이 적용할 수 있는 인재개발의 유형은 크게 4가지로 구분된다. 첫째, 리더 선발 육성형이다. 이는 동양의 인재육성 문화에 충실히 따르면서 인재 육성의 핵심을 리더에 초점을 맞추고 차세대

---

20) 현대경제연구소(2003), 선진기업에서 배우는 인재육성 전략

리더를 조기에 선발하여 집중 육성하는 방안이다. 둘째, 리더 맞춤 교육형은 개인의 자발적 참여, 관리자의 철저한 후원, 조직의 시스템적 지원 등 각각의 철저한 역할 배분을 통해 상호 니즈를 맞추어 내는 리더를 경영환경 변화에 적응할 수 있도록 육성하는 방안이다. 셋째, 종업원 실천 유도형은 종업원들이 현장에서의 직접적이고 자발적인 실천을 통해 자신들의 능력을 향상시킬 수 있도록 유도하는 방안이다. 마지막으로 종업원 집단 교육형은 회사의 기본 방침을 전사원들이 철저히 인식하고 실천할 수 있도록 집단적 교육 형태를 동원하는 방안이다.

이처럼 다양한 방식을 통해 인재개발에 앞장서고 있는 중소기업들이 있다. 다음은 중소기업청의 인재육성 기업 지원 성공사례로 꼽힌 기업들의 인재개발 내용이다.[21]

■㈜아이온 커뮤니케이션즈

콘텐츠 관리시스템 개발·서비스 기업이다. 개발자의 전공이 다양하다. 컴퓨터 관련 전공과 무관한 직원이 더 많다. 파격적인 직원 교육 지원을 통해 인재를 육성하고 있다.

직원들의 자율성을 존중해 개인별 목표에 따라 교육을 지원한다. 업무시간 외부교육을 지원한다. 필요한 책 구입비는 무제한 지원한다.

조기퇴근을 통해 중소기업 계약학과 석사과정도 지원하고 있다.

학습방학제도(3년이상 근무자에게 매년 15일의 유급휴가와 50만 원 이상의 휴가비 지원, 연월차 제도와 합쳐 30일 이상 휴가 사용)를 통해 개인적인 꿈과 재

---

21) http://www.s-news.kr/news/articleView.html?idxno=412

능을 찾을 수 있는 기회를 제공하고 있다.

■㈜라바기업

발포금형 · 프레스 부품 및 한방 침 제조기업이다.

"회사는 직원을 가르쳐야 할 사회적 의무가 있다"라는 경영이념 아래 고졸 사원들에게 중소기업 계약학과(남부대학교) 진학을 권장 · 지원하고 있다.

회사가 성장하면 직원들과 그만큼 나누겠다는 나눔경영을 실천하기 위해 분기별 성과급 제도를 통해 순이익의 10%를 직원들에게 성과급으로 지급 중이다.

■㈜씨에이에스

솔루션개발, 정보보호컨설팅 등 정보서비스업 전문기업이다. 신입직원을 대상으로 일대일 멘토링을 실시하고 있다. 단독업무 수행 능력을 강화하기 위해서다.

학원비, 도서구입비 등 직원 1명당 100만 원의 교육비를 지원한다. 개인정보관리사(CPPG) 등 자격증 시험응시비용 지원으로 2013년에는 임직원 절반이 단체 응시해 30명 이상 합격자를 내기도 했다.

일학습병행제, 내일채움공제, 청년내일채움공제 등 직원들의 애사심을 높일 수 있는 다양한 복지제도를 시행하고 있다.

매월 1회 외부강연 등 직원들의 자기계발을 위해 개최하는 'KR데이'(Knowledge Recharge,지식재충전의 날), 매월 1회 선정한 도서에 대해 함께 토론하는 독서토론회 '독특해'(독서를 통한 특별한 만남) 등 기업에 맞는 다채로운 교육 지원 제도를 시행 중이다.

■㈜신한세라믹
파인세라믹을 기초소재로 전자부품 및 자동차부품을 생산하는 기업
이다. 부서장을 중심으로 한 직무교육, 사외교육, 온라인교육 등 체
계적인 3단계 교육시스템을 활용해 인재를 육성하고 있다.
산행, 볼링, 당구 등 동호회 활동 지원 및 사내외 기숙사, 통근 버스
운영 등 편의시설을 확보했다.
우수사원 포상금 및 포상휴가 지원, 장기근속자에 행운의 열쇠 지
급, 실용신안/특허 등 기술개발자에 대한 인센티브 지급, 내일채움
공제 및 석박사지원 프로그램에 따른 적금 불입 등 각종 인센티브제
도를 보유하고 있다.

④ 성과공유

성과공유제는 2006년 3월 3일에 「대중소기업 상생협력 촉진에
관한 법률」이 제정되면서 최초로 도입된 개념이다. 이는 수탁기업
이 원가절감 등 수탁·위탁기업 간에 합의한 공동 목표를 달성할
수 있도록 위탁기업이 지원하고 그 성과를 수탁·위탁기업이 공
유하는 계약모델을 의미한다. 대·중소기업협력재단은 성과공유
제를 모기업이 협력사와 함께 신기술을 개발하거나 공정개선, 비
효율 제거 등의 활동을 추진하고, 그 결과로 나타난 성과를 사전
에 합의한 계약으로 상호 공유하는 방식으로 정의하고 있다.

이처럼 성과공유제는 대기업과 중소기업에 대해 적용되는 개념

이기도 하지만, 중소기업과 근로자 간의 성과를 공유하는 개념으로도 사용되고 있다. 중소기업과 근로자 간의 성과공유제는 2007년 8월 3일 「중소기업 인력지원 특별법」이 개정되면서 법에 명시되었다. 해당 법의 도입(제27조의 2)에는 중소기업과 근로자 간 성과공유 촉진을 위하여 정부로 하여금 성과공유제를 도입한 중소기업을 우대하여 지원할 수 있도록 규정되어 있다.

또한 중소기업과 근로자 간의 성과공유제는 광의로 대기업이 협력 중소기업 근로자의 임금 또는 복지수준 향상을 위하여 성과를 공유하는 것을 포함한다. 이 경우 성과공유제는 「중소기업 인력지원 특별법」의 내용에 기반하여 정의하되, 「대·중소기업 상생협력 촉진에 관한 법률」의 일부 내용을 포함하여 중소기업 근로자의 임금 또는 복지 수준은 중소기업뿐만 아니라 중소기업과 거래관계에 있는 대기업에 따라 달라지게 된다고 볼 수 있다.

중소기업과 근로자 간의 성과공유제는 기업의 이익 혹은 성과를 공유하는 방식에 따라 현금, 주식, 공제 및 기금, 그리고 동반성장 등의 4개 유형으로 구분된다.

먼저 첫째, 현금 방식은 경영성과급과 직무발명보상제도로 구분된다. 경영성과급은 기업 차원에서 이익 또는 이윤 등의 경영성과가 발생했을 때, 종업원들과 공유하는 경영활동을 말한다. 직무발명보상제도는 임직원의 직무발명을 기업이 승계 및 소유하도록 하고, 발명에 상응하는 정당한 보상을 해주는 제도를 의미한다.

둘째, 주식 방식은 우리사주제도와 주식매수선택권으로 구분된다. 우리사주제도는 근로자가 자신이 근무하는 회사의 주식을 취득할 수 있도록 하는 제도를 말한다. 주식매수선택권은 회사가 임직원 등에게 미리 정해진 가격으로 신주 인수나 회사 주식 매수권을 부여하는 것이다.

셋째, 공제 및 기금 방식은 내일채움공제, 과학기술인공제회, 그리고 사내근로복지기금으로 구분된다. 내일채움공제는 5년 이상 장기재직한 핵심인력에게 중소기업-핵심인력 공동적립금과 이자를 성과보상 형태로 지급하는 것이다. 과학기술인공제회는 과학기술인에 대한 생활안정과 복리를 도모하기 위하여 설립된 공제기구를 말하며, 사내근로복지기금은 근로자의 복지를 위해 기업이 이익금을 출연해 조성한 기금이다.

마지막으로 동반성장은 공동 및 협력업체 근로복지기금과 기업간 성과공유로 구분된다.

〈중소기업 성과공유제 유형〉

구 분		관련 법률	시행연도	담당부처
현금	경영성과급	법인세법	2000	기획재정부
	직무발명보상	발명진흥법	1972	특허청
주식	우리사주	근로복지기본법	1968	고용노동부
	주식매수선택권	상법, 벤처기업 육성에 관한 특별조치법	1997	금융감독위원회 중소기업청
공제 및 기금	내일채움공제	중소기업 인력지원 특별법	2014	중소기업청
	과학기술인공제회	과학기술인공제회법	2003	미래창조과학부
	사내근로복지기금	근로복지기본법	1983	고용노동부
동반 성장	공동 및 협력업체 근로복지기금	근로복지기본법	2016	고용노동부
	기업간 성과공유	대·중소기업 상생협력 촉진에 관한 법률	2006	산업통상자원부

자료 : 노민선(2016), 중소기업 성과공유제 활성화 방안, 중소기업연구원

우리나라 중소기업들 중 36.0%는 이와 같은 성과공유제 중 1개 이상의 제도를 활용하고 있다. 2015년 기준으로 볼 때 기업들 중 경영성과급(24.7%)과 내일채움공제(19.0%)를 활용하는 비중이 상대적으로 높았으며, 나머지 성과공유제의 경우에는 활용도가 10% 미만으로 낮게 나타났다.[22]

〈중소기업 성과공유제 활용도(2015년)〉

(단위 %)

구 분		활 용	미활용
현금	경영성과급	24.7	75.3
	직무발명보상제도	5.0	95.0
주식	우리사주제도	3.0	97.0
	주식매수선택권(스톡옵션)	3.7	96.3
공제 및 기금	내일채움공제	19.0	81.0
	과학기술인공제회	1.0	99.0
	사내근로복지기금	1.7	98.3
전 체		36.0	64.0

자료 : 노민선(2016), 중소기업 성과공유제 활성화 방안, 중소기업연구원

중소기업 포커스(2016)의 '중소기업 성과공유제 현황 및 정책과제' 보고서에 의하면 미국도 우리나라와 유사하게 35.8%가 경영성과급의 일환으로 종업원이 이익 공유제(Profit Sharing) 혜택을 받고 있다(General Social Survey, 2014).[23] 일본의 경우에는 2015년도 기준으로 전체 중소기업의 28.9%가 상여 및 일시금(경영성과급에 해당)을 전액 대비 증액한 것으로 보고되고 있다(일본경제산업성, 2015).[24]

---

22) 중소기업 포커스(2016), 중소기업 성과공유제 현황 및 정책과제
23) General Social Survey, 2014

그렇다면 실제로 기업들은 성과공유제를 어떻게 활용하고 있을까. 한 사례를 살펴보자. 1991년 설립된 여의시스템은 2001년 격심한 노사갈등을 겪었다. 노동조합의 파업으로 매출은 30% 이상 격감했고, 임원들은 회사의 생존을 위해 직원 30%의 해고를 건의했다. 고심하던 성명기 회장은 미래성과공유제를 제안했다. 앞으로 함께 노력해서 성과가 나면 25%는 종업원에게, 25%는 주주에게, 50%는 기업의 미래를 위해 투자하기로 한 것이다.

미래성과공유제 도입 이후 여의시스템에는 변화가 일어났다. 직원들의 업무몰입도가 높아지고 그 결과 회사가 살아나기 시작했다. 2004년 이후 매출은 연평균 20%, 수익은 60%씩 늘어났고, 2016년에는 매출이 70%까지 성장해 매출 250억 원의 회사가 됐다.

미래성과공유제가 헌신과 혁신의 선순환 모델을 만들었기 때문이다. 직원들의 노력으로 여의시스템은 소량다품종, 고객맞춤형 비즈니스모델을 정착시켰고, 이제 4차 산업혁명을 선도하는 장비·시스템 토털솔루션 기업으로 도약하게 됐다. 또한 미래성과공유제도를 통해 기업이 미래를 위해 투자한 것은 직원들의 임금 증대로 연결되었다.

성과공유제를 활용한 또 다른 사례는 다음과 같다.

■A사(중소기업, 경남 창원)[25]
* 종업원 대부분이 고졸로 입사하고, 인재양성 모토는 3일 4석 610
  · 특성화 마이스터고를 졸업하고 취업하는 인력이 30살까지 1억 원

---

24) 일본경제산업성, 2015

을 벌게 하고, 40살까지 석사 학위를 취득하게 하고, 60살까지
10억 원을 벌도록 한다는 것

* 1997년부터 경영 성과급을 지급하였으며, 2015년의 경우 약 15
억 원을 연말 성과급으로 지급

· 최고 성과자에 대해서 3억 원의 성과급을 지급

· 2015년 12월에는 직원들에게 특별상여금과 함께 10일간의 특별
휴가 부여

* 핵심인력 중심으로 보상 및 복지 시스템 확대

· 핵심인력 8명을 대상으로 중소기업청의 내일채움공제 적립금을
지원

· 회사 종업원을 대상으로 '무이자 장기 대출'과 '주택 무상임대' 제
도를 운영

■B사(대기업, 경기 이천)[26]

* 협력 중소기업 종업원의 처우를 개선하기 위하여 노사 공동으로
'상생협력 임금 공유 프로그램' 도입(2015. 6. 16)

· 노동조합에서 임금 인상분 중 10%를 자발적으로 출연하고, 회사가
노조 출연금과 동일한 금액을 매칭하여 부담(약 66억 원의 재원 마련)

· 총 10개 협력업체 4,700만 원의 종업원을 대상으로 하며, 협력업
체 종업원 1인당 평균 140만 원 가량을 처우 개선 명목으로 지원

* 2016년 이후에도 2015년과 동일한 수준의 지원 예정

---

25) http://www.fnnews.com/news/201608281929019506
26) http://ww2.mynewsletter.co.kr/kcplaa/201704-2/3.pdf

· 노사 공동으로 약 66억 원을 매칭하여 협력 중소기업의 임금 인상
  과 의료복지 서비스 지원을 위해 사용
· 2017년 이후에도 매년 66억 원 규모의 지원을 계속해 나갈 계획

통 큰 복지의 선두주자 : 서울 F&B[27]

  강원도 횡성 IT밸리길에 위치한 서울F&B의 사무실 임직원들
은 흰색에 가까운 아이보리 색상의 밝은 유니폼을 입고 있다. 주
로 사무실에서 활동한다고 하지만 흰색 유니폼을 입고 업무에 전
념한다는 건 때론 곤혹스러울 수도 있다. 청결하고 깨끗한 이미지
를 한눈에 전달할 수 있지만, 반대로 쉽게 유니폼이 더러워지고
관리하기가 번거롭기 때문이다. 하지만 서울F&B의 유니폼은 단
순히 색다른 유니폼을 넘어서 이 회사의 정체성을 상징한다.
  서울F&B는 유가공 전문업체이다. 주요 생산품은 우유, 발효
유, 주스, 커피 등이다. 식음료 회사이다 보니 유니폼이 깔끔하게
디자인된 이유도 있다. 그렇다고 유니폼을 조심스럽게 입고 일할
필요가 없으며 유니폼이 더러워지면 1층에 있는 세탁소에 그냥
맡기면 되고 다음날 아침에 출근하면 자리에 말끔하게 세탁된 유
니폼이 놓여있다.

---

27) http://www.seoulfnb.com/

①직영 세탁소 · 어린이집 운영

서울F&B의 세탁소는 회사 직영으로 운영되고 있다. 오덕근 대표는 "회사에서 정년퇴직한 분들이 직영 세탁소에서 65세까지 일을 할 수 있다"며 "정규직이고 급여도 동일한 수준으로 지급된다"고 설명했다. 대기업의 제조시설에서 세탁소를 직영으로 운영하는 곳은 더러 있다. 세탁물이 많이 나오는 일터라면 그러한 방식이 외주를 주는 것보다 비용을 줄일 수 있기 때문이다. 서울F&B의 직영 세탁소는 이런 차원에서 접근하지 않았다. 퇴사 이후 직원들의 일터를 새롭게 마련해 줬다. 즐겁게 일하는 세탁소 직원들 덕분에 일반 사무 직원들은 매일 깨끗한 유니폼을 입고 일할 수 있다.

서울F&B의 복지정책은 중소기업 중에서도 손가락으로 꼽을 정도로 유명하다. 회사 바로 옆에는 0~7세까지 맡길 수 있는 어린이집 '이안애'가 있다. 아침마다 젊은 직원들이 아이들과 손을 잡고 함께 출근을 한다. 어린이집의 교직원들도 서울F&B의 정직원이다. 사설 어린이집에 운영권을 넘길 수도 있지만 직영으로 운영을 해야 우리 직원들의 아이들을 책임 있게 관리할 수 있다고 생각하는 오덕근 대표의 경영철학 때문이다. "최고의 제품을 만드는 것은 직원들입니다. 직원이 행복하고 마음 편하게 업무할 수 있는 환경을 고민했습니다. 일과 가정 양립이 중요시 되는 요즘에 젊은 직원들이 출산 및 육아를 이유로 회사를 떠나는 것이 너무 안타까웠죠." 서울F&B 직원들은 사내 출산장려금도 받는다. 첫째를 낳으면 80만 원, 둘째 530만 원, 셋째 1530만 원을 지급하고 있다.

오 대표는 "젊은 직원들, 퇴직자들을 위한 복지제도 이외에도 전 연령대가 각기 자기 상황에 맞는 복지제도를 운영하고 있다"며 "회사 경영에 있어 직원 복지는 최우선 과제로 생각하고 있다"고 밝혔다. 서울F&B는 매년 복지와 성과공유에 15억 원 이상을 지출하고 있다.

② 매년 25% 성장세 지속

서울F&B가 과감한 복지정책을 쓸 수 있는 배경에는 매년 25%씩 성장하는 탄탄한 경영성과 덕분이다. 지난 2005년 설립 된 이 회사는 우유, 발효유, 주스, 커피 등 4가지 카테고리에서 230여 종의 OEM, ODM 제품을 만든다. 서울우유, 빙그레, 롯데칠성음료, 남양유업, 코카콜라, 롯데푸드, 매일유업 등의 식음료 대기업에 납품을 하고 있다. 쉽게 말하면, 편의점이나 마트에서 만나는 식음료 브랜드의 50%를 서울F&B가 제조 · 생산한다고 보면 된다.

서울F&B는 자사 브랜드가 매출에 35% 정도를 차지하고 있다. 브랜드 제품은 대기업만이 할 수 있다고 생각하지만 서울F&B가 지속적인 성장을 위해서는 자사 브랜드 확보가 무엇보다 중요했던 것이다.

현재 이 회사가 선보이고 있는 자사 브랜드에는 친환경 유제품 '이안애' 요구르트와 유럽 정통 리얼 드립커피 '카페레몬트리', 웰빙주스인 '100% 스트레이트주스' 등이다. 국내 대형 할인마트와 편의점은 물론 태국, 인도네시아, 중국 등에도 수출하고 있다. 태국에는 국내 최초로 컵 커피를 수출했으며, 해당 브랜드는 '아라버스'로 지난해 수출규모는 300만 달러에 달한다. 올해 서울F&B

는 500만 달러 규모의 수출실적을 달성할 것이라고 보고 있다.

최근 오 대표가 주목하는 트렌드 시장이 있다. 실버 세대를 대상으로 하는 기능성 건강음료와 메디컬 푸드다. 현재 서울F&B가 보유한 공장은 총 5개 동에 달하며 식음료 제조시설 면에서 국내 어느 대기업에도 밀리지 않는 규모를 자랑한다.

우수하고 안전한 먹거리를 위해 연구개발과 품질관리에 많은 예산을 투자하고 있는 서울F&B는 올해 매출 800억 원을 돌파하고 내년에는 매출 1,100억 원을 예상하고 있다. 오 대표는 "회사가 매년 성장할 수 있는 원동력은 단 한가지입니다. 330여 명의 임직원들이 각자의 역할을 착실히 수행하기 때문이죠. 결국 모든 성장의 과실은 우리 임직원들과 나눠야 된다고 생각합니다."라고 말한다.

한국판 구글 : 제니퍼소프트[28]

제니퍼소프트는 2005년 1월 21일 설립된 지 12년이 된 토종 소프트웨어(SW) 기업이다. 2012년에 지금 헤이리 예술마을로 사옥을 짓고 본사를 이전하였다. 개발자들에게 개발하기 좋은 환경, 구성원의 삶의 질을 높일 수 있는 곳을 찾기 위해 4년 동안 준비하여 이전하였다. 지금은 당당히 예술마을의 일원으로 기술과 예

---

28) https://jennifersoft.com/ko/

술의 접점을 찾아 기업의 가치와 철학 그리고 제품을 개발하기 위해 노력하고 있다.

제니퍼소프트 매출은 다른 기업과는 조금 다르다. 파트너 비즈니스를 통해 SW 판매 및 기술 지원을 진행하고 있는데, 그런 이유로 시장 매출과 회사 매출에 조금 차이가 있다. 2016년 제니퍼소프트의 전 세계 시장 매출은 180억 원이었으며, 2017년 신용평가기관에서 받은 제니퍼소프트 기업 신용등급은 'A'였다. 재무건전성이 매우 건실하며 영업이익이나 기업 순이익이 매우 높아 작지만 강한 기업이다.

제니퍼소프트의 연봉 철학은 '역량에 준하는 최고 수준의 연봉을 책정한다'이다. 연봉 외의 복지를 통해 지원하는 복지 비용이 연간 300만 원으로 직원들은 주로 복지 비용을 통해 가족여행, 병원비, 개인이 소장하고 싶은 물건을 사는 등 삶의 질을 높이는데 비용을 사용하고 있다. 휴대폰의 경우, 기기 비용과 월 사용비용 모두 지원하고 그 외 교육비 지원, 도서 구입 비용 지원(업무 직간접 관련 도서, 개인 소장) 등 개인의 성장과 역량 강화를 위해 많은 부분을 고민하여 시행하고 있다. 유류비 및 업무에 필요한 여하한의 비용 모두 실비로 지급하고 있다.

채용의 경우 블라인드 채용을 원칙으로 한다. 수시나 공채 등 여러 방식의 채용으로 진행하며, 채용 시기는 불특정하게 진행된다. 채용이 진행되면 여러 채널을 통해 동시 공개하여 진행하고 있다. 채용은 업무의 특성에 맞춰 다양한 방법으로 진행하고 있어 정해진 채용 방식은 없다. 학력, 성별, 나이 등 그 어떤 차별적 요소 없이 채용을 진행하고 있다.

제니퍼소프트가 파주에 있어 직원들의 출퇴근에 대해 걱정하는 분들이 많다고 한다. 파주에서 합정, 홍대까지 버스로 40~50분 정도의 이동시간이 걸리며 일산의 경우에도 30~40분 정도 소요된다. 하지만 출퇴근 시간이 유연하고 자유롭기 때문에 개인의 거주지에 따라 이를 탄력적으로 운영한다.

그리고 직원들의 출퇴근 문제를 제도적으로 지원하고 있는데, 출퇴근 등 업무상 발생하는 차량 유류비 및 교통비를 회사가 100% 실비로 지원한다. 또한 주거비 지원 제도인 월세비 50% 및 각종 전세자금 대출, 차량 구매 대출 제도가 있어 누구나 이용이 가능하다.

제니퍼소프트는 수평적인 근무환경으로 모든 구성원이 유기적으로 연결되어 있다. 경쟁보다는 협력을 통해 모든 일을 진행하며 열정과 창의 그리고 창조성을 중요하게 생각한다. 이들은 공동체의 일원으로 자율적이고 주체적인 업무 환경 속에 스스로 기여할 수 있는 것을 찾으려고 한다. 공동체에 기여하며 성장과 발전을 위해 본질에 입각한 가치 중심의 업무를 지향한다. 이를 통해 최고의 동료들과 일하며 함께 성장할 수 있다.

또한 제니퍼소프트는 개발자들에게 일하기 좋은 최고의 환경을 제공하고 있다. 대표와 부대표가 개발자 출신이니 개발자들의 마음을 잘 이해하고 있다. 개발자들이 좋은 환경에서 일하기 좋게 장비 포인트 구매 제도를 운용하여 개발자가 6개월마다 적립되는 포인트로 새로운 장비를 마음대로 교체할 수 있도록 지원한다. 신규 입사자의 경우 입사 시 400만 포인트를 지급받아 원하는 장비를 구입할 수 있다.

이처럼 제니퍼소프트는의 복지는 구성원의 삶과 일의 균형, 건강한 노동과 근사한 삶의 실천과 행복한 삶을 영위하기 위해 존재한다.

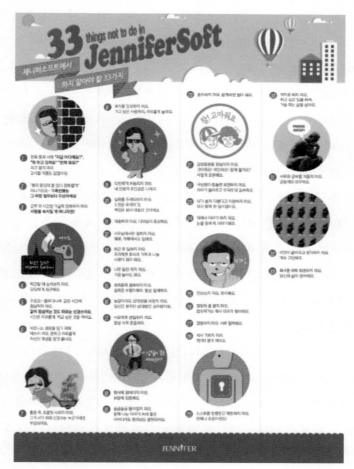

자료 : 제니퍼소프트 블로그

직원존중 : 넛지효과에 주목하라

부드러운 개입을 통해 타인의 선택을 유도하는 것을 뜻하는 넛지(nudge)라는 단어는 행동경제학자인 리처드 탈러 시카고대 교수와 카스 선스타인 하버드대 로스쿨 교수의 공저인 「넛지」에 소개되어 유명해진 말이다.

넛지의 기본 개념은 구성원들이 힌트를 줘서 스스로 생각해서 행동하게 하지만 그것이 잘 계획된 체제로 갈 수 있도록 유도하는데 있다. 이들에 의하면 강요에 의하지 않고 자연스럽게 선택을 이끄는 힘은 생각보다 큰 효과가 있다.

예를 들어 의사가 수술해서 살아날 확률이 90%라고 말했을 때와 그 수술로 죽을 확률이 10%라고 말했을 때 죽을 확률을 말한 경우에는 대다수의 환자가 수술을 거부한다는 것이다. 또한 네덜란드 암스테르담의 스키폴 공항에 남자 소변기 중앙에 파리 그림을 그려놓았더니 변기 밖으로 튀는 소변의 양이 80%나 줄었다는 사례도 있다.

이와 같은 넛지의 개념을 리더십에 적용한 바로 넛지 리더십이다. 넛지 리더십은 지나치게 개입하는 과업주의나 자유만 존중하는 감성주의에 치우치지 않고, 부드러운 개입을 통해 조직원의 창의적인 발상과 업무에 대한 열정을 이끌어 내는 리더십을 말한다.

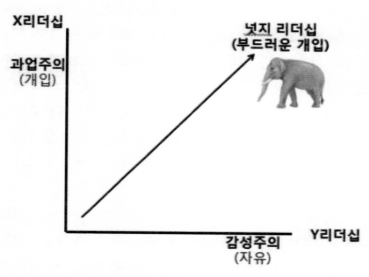

〈넛지리더십〉

자료 : 김영한, 열정을 깨우는 부드러운 개입, 넛지리더십, 에듀푸어

넛지 리더십의 이론적인 배경은 더글라스 맥그리거(Douglas McGregor)의 XY 이론에서 찾을 수 있다. X이론은 인간은 게으르기 때문에 통제를 해야 한다는 것이고, Y이론은 자율적으로 창의적인 일을 하기 원한다는 것이다. 이를 업무에 응용하면 X이론은 과업주의, Y이론은 감성주의라 할 수 있다. 리더십에 응용하면 X리더십은 과업주의로 개입을 하는 스타일이고, Y리더십은 감성주의로 자율을 존중하는 스타일이다.

넛지 리더십은 X리더십과 Y리더십을 조화시킨 중간형태로써 부드러운 개입을 통해 업무의 과업을 추구하면서도 자율적인 행동을 이끌어 내는 스타일이다. 넛지 이론의 선택 설계는 자기가 스스로 선택하는 것 같지만, 선택 설계자가 원했던 방법으로 선택이 되도록 하는 것이다. 리더가 어떠한 정황과 맥락을 만들어 놓았기 때문에 결국은 리더가 원하는 방향으로 가는 것이라고 할 수 있다.

이것이 바로 넛지 리더십의 기본 핵심인데, 그렇기 때문에 넛지 리더십은 고급 스킬이라고 볼 수 있다. 눈에는 잘 띄지 않지만 리더가 디자인 해 놓은 시스템에 의해서 직원들이 스스로 선택한 것처럼 느끼게 하는 고차원적인 리더십이다.

동반성장위원회의 권기홍 위원장은 동반성장의 문화를 확산하는게 핵심과제 라며 "옆구리를 쿡 찌르는 듯한 '너지'(Nudge) 방식으로 동반성장에 자연스럽게 참여하는 문화를 만들자."며 너지 리더십을 언급하기도 하였다.

넛지 리더십의 개념이 행동으로 나타나기 위해서는 기본 원칙인 "LEAD"를 기억할 필요가 있다. 이 원칙은 직원과 소통하기 위해 해야 할 기본적인 행동인 Listen, Empathy, Ask, Discover의 영문 앞문자를 딴 것이다.

· Listen(들어라) : 상대와 소통하면서 먼저 상대의 이야기를 들어야 한다. 리더가 먼저 말하기 보다는 직원의 이야기를 먼저 듣고, 경청하여 제대로 듣는 것이다.
· Empathy(공감하라) : 상대의 감성과 공감해야 한다. 상대와 소통하면서 감성의 공감 없이는 상대의 마음을 잡기 어렵기 때문이다.

· Ask(질문하라) : 질문을 통해 상대의 마음을 알아내고 상대가 스스로 답을 찾아내도록 유도하는 것이다.

· Discover(해결안을 찾아라) : 창의적인 방법으로 새로운 해결안을 찾아야 한다.

"LEAD"와 유사한 사례로 애플스토어 직원의 고객만족 키워드를 들 수 있다.

스티브 잡스는 최고경청자(CLO : Chief Listening Officer)로서 경청과 소통의 리더십을 보인 것으로 유명하다. 이에 애플스토어는 고객에게 체험의 공간을 제공하여 고객의견 반영률을 높였으며 그러한 과정을 통하여 부드러운 개입이 일어날 수 있는 요소들을 파악하고 히트상품 탄생으로 이어질 수 있었다.

한국형 넛지의 사례

① 선진 기업문화 만드는 개척자의 요람, '에이스프로젝트' [29]

"경영진이 기업문화에 목숨 걸 정도로 중요하게 여긴다." 에이스프로젝트 기업 리뷰 게시판에 작성된 글이다. 기업평가 소셜미디어 '잡플래닛'이 실시한 상반기 직장인 만족도 조사에서 에이스프로젝트(중견·중소기업 부문)가 가장 직장인이 행복한 기업으로 뽑혔다.

에이스프로젝트는 2010년 7월 설립, 직원 수 39명인 중소기업이다. 스마트폰 야구게임 '컴투스 프로야구 for 매니저'를 만든 게임회사로 알려졌다. 이 회사는 일반적인 직급체계를 단순화해 상호 수평적인 관계를 지향하고, 자율과 책임을 중시하는 기업문화를 보유하고 있다. 기업문화 평가에서도 고득점을 받았다.

에이스프로젝트는 직원들의 복지가 좋아야 좋은 성과가 나온다는 철학을 가지고 다양한 복리후생 제도를 직원들에게 제공한다. 예를 들어 회사에서 직원들의 건강한 생활을 보장하기 위해 삼시 세끼 식사를 제공하고 있다. 물론 자신이 좋아하는 메뉴를 선택해서 사먹을 수 있는 형태이며, 이외에도 피트니스 비용 지원은 물론, 매년 종합 건강 검진도 실시하고 있다. 여가에 관련된 복리후생도 많이 있다. 모든 사원에게 연 80만 원의 복지 포인트를 지급하는데, 여행 경비로 사용될 경우 20% 프로모션을 진행하고, 여

---

29) http://www.aceproject.co.kr/ko/home

기에 편리한 국내 여행을 위한 콘도 회원권도 지원하고 있다.

특히 에이스프로젝트에서는 적시에 적합한 교육을 받을 권리를 굉장히 중요하게 생각하여 실무와 관련된 교육비용을 100% 지원하고 있다. 또한, 실무와 관련되지 않은 자기계발 명목의 교육도 충분한 지원을 받을 수 있도록 돕는 제도가 통과되어 이제는 복지포인트를 통해 추가 지원을 받을 수 있다.

이외에도 결혼 축하금 500만 원 지급과 같이 경조금 및 경조 휴가를 보장하는 등 다양한 제도를 마련하고 있다.

ACE Life
4대 걱정 No! 전면 무상 급식으로 삼시세끼 제공
보다 풍부한 문화 생활을 위한 연 80만원 복지포인트
유쾌한 회사 생활을 위해 동호회 활동 지원

ACE Entertainment
매 달 다양하고 유익한 사내 행사 진행
한 달에 한 번 팩추와 함께 즐기는 Ace Party
뜻 한 점심시간! 다양한 오락 기구

ACE Health
건강이 최고! 프리미엄 종합 건강 검진
이젠 나도 몸 만들어보자, 피트니스 비용 지원

ACE Learning
듣고 싶은 교육이 있다면? 실무 교육비 100% 지원
업무 도서부터 소설, 만화책까지 모든 도서 지원
나는 지금 공부 중! 업무 시간 내 공부 가능

ACE Family Care
결혼 축하금 500만원 등 다양한 경조금 및 경조 휴가
생일에 가족과 함께 생일 선물과 함께 경제 반차

ACE Refresh
리프레시로! 도와줄 전국 콘도 회원권
여행에 사용하는 복지포인트는 할인 차감!

자료 : 에이스프로젝트 홈페이지

채용도 남다르다. 창의적인 인재 확보를 위한 '창조직무' 채용을 진행한다. 창조직무란 스스로 적성 및 재능과 능력을 바탕으로

기업에 본인의 직무를 직접 제안하는 활동으로 특출한 능력을 발휘할 수 있는 어떤 직무라도 지원할 수 있다.

에이스프로젝트에서는 직급도 없고, 상명하달로 진행되는 것이 거의 없는 합리적 의사결정 과정을 갖고 있다. 모든 구성원이 계속해서 질문을 던지고, 이러한 질문을 수렴할 수 있는 창구를 만들어 놓고, 민주적으로 회사가 운영될 수 있도록 다양한 제도를 구성했다. 현재까지도 활발하게 유지되고 있는 '에이스 운영위원회'나 '리더십 토론', '타운홀 미팅' 등이 회사 전반의 경영에 모두가 함께 참여할 수 있도록 돕는 창구라고 할 수 있다.

또한 매년 사내 만족도 조사도 시행하고 있다. 구성원들이 회사에 얼마나 만족하고 있는지 파악하면서 계속 피드백을 진행하고 있으며, 이렇게 직원들이 다 함께 좋은 회사를 만들기 위해 항상 적극적으로 나서는 것이 에이스프로젝트의 강점이다.

②박현우 이노레드 대표 "우리 회사의 첫 번째 수혜자는 우리 직원"[30]

디지털 광고 대행사인 이노레드는 직원이 입사했을 때 삶의 목표와 커리어 목표, 올해의 목표를 작성하도록 한다. 회사가 직원 개개인의 비전을 아는 게 중요하다는 가치 아래, 회사가 철저하게 직원 개개인에 주목하려고 노력하고 있는 것이다. 박현우 대표는 경영의 답을 외부에서 찾기 보다는 직원 개개인의 행복에 있다고 주장한다.

박 대표는 28살에 창업하면서 '기업의 존재 이유는 이윤 창출인

---

30) http://www.innored.co.kr/

가, '이노레드는 왜 존재하는가'라는 질문을 던졌다고 한다. 그는 돈도 중요하지만 우선적인 회사의 목표를 '선한 영향력'으로 두고 그 영향력의 첫 번째 수혜자를 명백하게 회사의 직원으로 보고 있다. 그 다음은 직원의 가족과 고객사, 파트너사, 소비자 순이다.

그럼에도 지난 10년간 이노레드가 거둔 성과는 놀랍다. 창업 후 10년간 단 한 번도 적자가 없었으며, 매출과 영업이익이 매년 증가했다. 직원들의 야근 시간은 꾸준히 줄었다. 이노레드는 최근 제일기획, 이노션과 같은 대기업 광고사와 나란히 '한국의 가장 핫한 광고 에이전시'로 뽑힌다. 지난해 '가장 성공적인 광고 TOP 20' 중 9개는 이노레드의 작품이었다.

이노레드 광고를 통한 광고주들의 성과도 놀라웠다. SK텔레콤은 이노레드에 7억 원에 광고를 맡겼지만 이노레드의 'T로밍카드' 광고를 통해 매월 3억 원의 추가매출, 1년에 총 36억 원의 매출을 창출했다. 화제가 된 하기스 광고로 인해 캠페인 기간 하기스 매출은 전년 같은 기간보다 27% 신장했다.

이와 같은 회사의 성과는 결코 더 많은 일감에서 온 것이 아니었다. 이노레드는 자사의 비전과 기준에 맞지 않는다면 영업을 제한하고 있다. 그간 큰 클라이언트를 많이 거절하기도 했다. 광고 요청을 받는 기준은 '직원이 사랑할 만한 일인가, 새로운 실험을 할 수 있는가, 8~17시 업무 시간을 유지할 수 있는가'이다. 박 대표는 회사의 직원들이 업무시간을 지키면서도 재미있게 일할 수 있는 한계가 '15개'였기 때문이라고 한다.

이노레드는 앞으로 직원을 더 늘릴 계획이 없다. 일감에 맞춰 직원 수를 300명까지 늘릴 수도 있지만 80명까지로 늘 제한하는 이유는, 박 대표가 감당할 수 있는 직원 규모를 스스로 이 정도라고 생각하고 있기 때문이다. 이노레드는 개인의 가치를 조직의 가치보다 우선하고 있는 기업이다.

대학도 변해야 한다

세계경제포럼(WEF)는 4차 산업혁명으로 인해 가장 급속하게 시스템 재편이 이루어지고 있는 분야로 교육분야를 제시하고 있다.[31] 4차 산업혁명으로 인해 육체노동 관련 기술, 인지적 기술을 요구하는 직업의 수는 감소하고 있으며, 분석적 기술과 대인관계 기술을 요구하는 직업의 수는 상대적으로 증가하고 있으므로, 이에 따른 교육이 필요하다는 것을 의미한다. 하지만 지금 대학의 실태는 어떤지 살펴보아야 할것이다.

"겉보기 좋은 널 만들기 위해 우릴 대학이란 포장지로 멋지게 싸버리지. 이젠 생각해봐. "대학" 본 얼굴은 가린 채 근엄한 척 할 시대가 지나버린건. 좀 더 솔직해봐. 넌 알 수 있어."

---

31) WEF. (2015). New vision for education : Unlocking the potential oftechnology.

지금부터 20여 년 전의 서태지와 아이들의 '교실이데아' 가사
이다. 겉보기, 대학 포장지란 말이 들어가 있는데, 학력지상주의
와 비효율적인 교육계 현실을 꼬집었지만 20여 년이 지난 지금도
바뀐 것은 별로 없는 것 같다. 청년 실업도 대학에 일부 책임이 있
다. 실용적인 인재 육성, 활발한 산학협력, 창업교육 등이 선행되
어야 스마트한 인재를 배출할 수 있는데, 아직까지 그렇지 못하
다.

〈서태지 아이들 교실 이데아〉

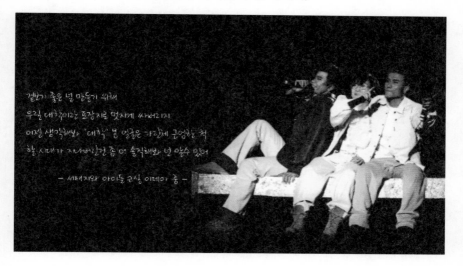

우리나라 대학의 교육 시스템은 목적과 내용, 방법 모두 심각한
문제를 안고 있다. 창의적인 인재 육성을 지향하는 대학교육은 대
화와 자유로운 토론을 통해 표현하는 능력을 키우고 자신의 생각

을 발전시키는 협력과 교류의 장을 다양하게 제공할 수 있어야 한다.

그러나 거의 모든 국내 대학에서 주입식 교육이 여전히 계속되고 있다. 시험과 성적 위주의 서열식 평가제도 하에서 강의 내용과 다르게 자신의 창의적인 생각을 시험 답안지에 적는 경우 오히려 감점을 당하는 사례까지 적지 않다.

이처럼 강한 학벌 위주의 문화와 일류대학으로 가기 위한 경쟁으로 제반 교육 환경은 여전히 창의성 및 도전역량과는 거리가 먼 실정이다. 자신의 생각을 자유롭게 표현하고 아이디어를 공유하고 토론하는 분위기가 조성되지 못하고, 다양한 기술과 지식, 아이디어를 생활 속에서 현실화시키기에는 아직 갈 길이 멀다고 하겠다. 게다가 대학에서 자율적으로 시행하는 교원평가기준에는 창업을 촉진하는 평가 지표 역시 찾아보기가 어렵다.

또한 모든 대학에서 이루어지는 연구는 여전히 SCI 논문을 중시하고 논문 편수 위주로 교수업적으로 평가하고 있다. 또한 연구개발과제 수행 결과 성공률이 90%를 상회하는 현실은 난이도가 높은 창의적인 연구를 기대하기 어렵다는 것을 암시한다.

교육과 연구는 대학의 양대 이념으로 대학은 다시 한 번 변화를 요구 받고 있다. 이제 대학은 새로운 지식의 발굴과 함께 이를 기업화하는 과정인 '창업' 역할을 새롭게 담당해야 한다. 미국 실리콘 밸리의 탄생 과정에서 주도적인 역할을 한 스탠포드대학과 버클리대학처럼, 시대를 앞서가는 대학은 교육과 연구를 창업과 분리해서 생각할 수 없게 되었다. 스탠포드대학의 졸업생, 학생, 교수가 창업한 회사가 4만 개에 이르고, 이들이 올리는 연 매출액은 2조 7천억 달러로 세계 경제 규모 5위인 프랑스의 GDP와 맞먹는다. 이는 우리나라의 GDP의 약 두 배가 넘는 놀라운 규모다. 일자리 창출과 경제성장이라는 두 마리 토끼를 잡기 위해서는 대학 창업이 얼마나 중요한지 알 수 있는 대목이다.

<교육-연구-창업의 삼위일체 개념도>

자료 : 미래연구 포커스(2014), 미래지향적 인재육성을 위한 대학 교육시스템

미래를 준비하는 대학에서는 창업을 위한 교육, 창업을 위한 연구, 또는 역으로 교육과 연구에 도움이 되는 창업이 대학의 이념

이 되어야 한다. 교육, 연구, 그리고 창업이 삼위일체가 되어야 하는 것이다. 미래지향적 창의인재 육성을 위한 대학교육의 발전 방향을 교육, 연구 및 창업의 3가지 관점에서 살펴보고자 한다.[32]

① 교육

교육의 핵심목표는 창의성, 전문성, 인성을 증진시키는 것이라고 할 수 있다. 첫째, 창의성은 새로운 생각이나 개념을 찾아내거나 기존에 있던 생각이나 개념들을 새롭게 조합해내는 것과 연관된 정신적이고 사회적인 과정이다. 대학교육을 통해 창의성을 증진시키기 위해서는 쉽고 효율적인 방법을 배워서 익히는 것이 중요하다. 전 세계 인구의 0.2%에 불과하지만 역대 노벨상 수상자에서 차지하는 비율이 약 22%로 193명에 달한다는 유대인의 교육 방식은 창의성 교육에서 시사하는 바가 적지 않다. 어릴 때부터 주입식 교육 대신 질문을 통해 배우고 나이가 들면서 대화와 토론을 통해 협력하고 소통하는 가운데 스스로 배우고 대학은 질문하고 소통하는 환경을 만들어 준다.

두 번째로 전문성은 어떤 영역에서 지식, 경험, 역량의 측면에서 보통 사람이 흔히 할 수 있는 수준 이상의 수행 능력을 의미한다. 인문적 소양과 과학기술의 통섭 및 비판적 사고를 통해 더 넓고 깊게 전문성이 확장될 수 있는 교육의 장을 마련하는 것이 중요하다.

마지막으로 인성은 사람의 성품으로 각 개인이 생각하고 느끼고 행동하는 특성을 말한다. 인성교육은 개인의 자아실현을 위해 생

---

32) 미래연구 포커스(2014), 미래지향적 인재육성을 위한 대학 교육시스템

각, 감정, 행동을 더 좋은 가치로 향상시키는 교육이며, 사회생활을 하면서 더불어 살아가기 위한 도덕교육이다. 공감하고 배려하는 소통능력과 협동심, 감사하고 봉사하는 지혜와 셀프리더십 등은 나라와 시대를 초월하여 중요한 덕목으로 여겨진다. 가정교육과 학교교육을 거쳐 사회교육으로 이어지는 평생교육이 이루어지는 것이 가장 바람직할 것이다. 그러나 강한 학벌 위주의 사회문화와 일류대학으로 가기 위한 경쟁으로 인성교육이 대학입시제도에 강하게 종속되어 있는 우리나라에서는 역방향으로 진행하는 발상의 전환이 필요하다. 다행히 '싫어요'가 배제된 SNS 등장과 함께 비방하는 댓글보다 감동스토리에 더 감성적으로 공감하는 쪽으로 분위기가 바뀐 것은 사회교육을 필두로 역방향 인성교육에 긍정적으로 작용할 것으로 기대된다.

창의성, 전문성, 인성교육과 함께 대학 내 기업가 정신 교육도 중요하다 할 수 있다. 기업가정신은 '미래의 불확실성과 높은 위험에도 주도적으로 기회를 포착하고, 도전하며 혁신 활동을 통해 새로운 가치를 창조하는 실천적 역량'이라고 할 수 있다. 미국 이론경제학자 슘 페터는 '새로운 사업에서 생길 수 있는 위험을 감수하고 어려운 환경을 헤치며 기업을 키우려는 뚜렷한 의지'라고 정의하였으며 세계적인 기업가들은 책상에서만 고민하는 기존의 문제 해결 방식에서 벗어나 현장, 실전 경험을 통해 얻게 되는 기업가정신의 중요성을 강조한다.

미국에선 전체의 80%인 40개 주가 기업가정신을 정규교육으로 선택하고 유럽의 초 · 중 · 고등학생도 학교에서 기업가정신을

배우고 있다. 하지만 중소벤처 기업부와 한국청년기업가정신재단
이 국내 개인 및 기업을 대상으로 국내 기업가정신 현황을 파악한
'2017 기업가정신 실태조사' 결과에 따르면 글로벌 평균에 비해
부족하다는 것을 알 수 있다.

3.1.1 기업가정신 교육

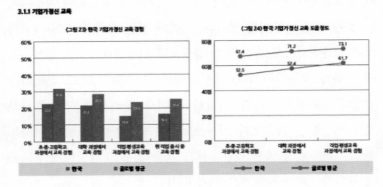

자료 : 기업가정신 실태조사(2017)

②연구

과학기술의 발전이 사회를 혁신적으로 바꾸는 원동력임을 감안
하면 성공률이 90%를 상회하는 연구 분위기가 지속되는 우리나
라의 과학기술의 미래는 밝지 않다. 어렵고 혁신적인 연구개발과
제에 대해서는 과제 선정 시에 인센티브를 부여하고 성실하게 연
구를 수행한 경우에는 실패를 용인하는 연구평가제도를 과감히
도입해야 한다. 아울러 교원업적평가는 SCI 논문을 중시하고 논
문 편수 위주의 양적인 평가방식을 바꾸어야 한다. 파급력이 큰
우수한 기초연구와 시장의 요구가 큰 실용적이고 창의적인 응용

연구에 대한 대표적인 결과를 중심으로 질적인 평가를 강화하는 것이 바람직하다.

연구결과를 지식재산으로 출원하고 등록하는 것도 빼놓을 수 없는 중요한 일이다. 그러나 평가 방식에 있어서는 지식재산의 경우도 논문과 별반 다르지 않다. 거의 모든 대학의 교원업적평가를 통해 몇 건의 특허를 출원하고 등록했는지를 평가한다. 그러나 각각의 특허가 기술수준은 어느 정도인지, 적용 범위가 얼마나 넓은지, 시장가치는 어느 정도인지 등의 질적인 평가항목은 찾아 보기 어렵다. 지식재산의 시장가치를 높이고 무효소송에도 이겨 보호받을 수 있는 좋은 지식재산을 만드는 책임은 권리를 소유한 출원인과 발명인의 몫이다. 따라서 연구개발자도 지식재산 관련 법에 대한 기본적인 지식은 배워 소양을 함양해야 한다.

③ 창업

샤오미, 마이크로 소프트, 애플, 페이스북 등 글로벌기업의 CEO는 대부분 대학교 때 창업 하여 변화를 주도하고 있다. 이처럼 선진국의 경우에는 기업가적 대학(Entrepreneurial University)으로의 패러다임 변화를 통해, 대학과 기업이 적극적으로 협력하여 청년층이 적극적으로 창업을 시도할 수 있는 생태계를 조성하고 있다. 한국도 현재 1인당 GDP 2만 달러 수준에서 3만 달러의 벽을 넘어서기 위해서는 창업활동 대한 촉진 활동이 절실 한 상황이다.

기업가적 대학(Entrepreneurial University)이란 대학 운영에 있어 기업가적 마인드를 기반으로 연구 성과를 사업화함으로써 경제적 독립성을 확보하고 연구 및 운영의 방향성을 자율적으로 결정하며, 교수 및 학생의 기업가활동을 장려하는 대학(Henry Etzkowitz, 2011, Burton Clark, 2001)을 말한다. 이는 대학의 역할이 기존기업에 인력을 공급하는 형태에서 창업기업 육성을 통한 일자리 창출로 전환이 필요하다는 것을 의미한다.

고용은 대기업에 비해 기술기반의 중소벤처 기업에 의해 더 많이 창출된다. 대학교육의 혁신을 통해 우수한 미래지향적인 창의인재를 더 많이 육성하고 이들이 개발하는 신기술을 바탕으로 창업을 하는 경우, 고용창출뿐 아니라 경제성장을 견인하는 신성장동력 발굴에도 크게 기여를 할 수 있다.

〈반도체 호황 SK하이닉스보다 많이 뽑는 넷마블(2018년 채용규모)〉

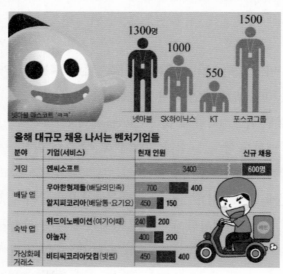

자료 : 조선비즈

우리나라의 고용 중심축이 대기업에서 벤처기업으로 바뀌고 있는 현실이 대학교육의 변화가 필요함을 증명하고 있다. 벤처기업 종사자는 2011년 66만4,600여 명에서 2016년 76만4,300여 명으로 무려 10만 명이나 증가했다. 이는 삼성 · 현대차 · SK · LG · 롯데 · 포스코 등 6대 대기업 그룹(총자산 기준)의 총종업원 수 76만9,000명과 비교해도 큰 차이가 없는 수준이다. 게다가 이 대기업들은 최근 3~4년 새 직원 수가 2만 명 가량 감소한 반면, 벤처기업은 수백명씩 신규고용을 늘리고 있다.

일반적으로 창업의 핵심 요소는 일자리 창출, 지속 가능한 경제성 장을 위한 신성장동력의 발굴, 실패를 두려워하지 않는 도전적 기업 가정신을 들 수 있다. 대학생들의 창업활동은 실제 취업과의 연결성 도 강화된다. 창업선진국의 경우 창업실패조차 자산으로 인정하고 취업 시 우대하여 창업실패에 대한 기회 비용이 적다. 기업의 경우 에도 경험이 많아 실무에 바로 투입해도 금방 적응할 신입사원을 적 극적으로 발굴하는 추세다. SK, 포스코, 현대제철 등은 스타트업 창업경험자나 발명특허 보유자를 우대하고 있고 실제 중소기업에서 일한 경험이 있거나 창업을 해본 지원자가 늘어나고 있는 추세다.

■무크와 플립드 러닝을 결합한 해외 대학 교육
미국 애리조나주립대는 매사추세츠공대(MIT)와 하버드대가 공동 개 발한 무크 기관인 '에드엑스(edx)'는 새로운 교육 모델 구축하였다. 예일대에서는 의사 외에 간호사나 의료보조 관련 직업들의 의학교육은 블렌디드 모델로 대체하고 있으며 MIT는 'Residential MITx'라고 하며 캠퍼스 학생을 위한 온라인 교육을 실시하고 있다. 교육모델의 장점은 2가지로 정리해보면 학기를 반으로 자르기 때문에 비용이 절감할 수 있고 전세계 사람이 들을 수 있어 교육 접근성이 용이하다는 장점을 가지고 있다. 또한 'Cousera'라는 무크 기관은 마이크로소프트(Microsoft)나 퀄컴(QUALCOMM)과 같은 글로벌 기업들과 협약을 통해 교육을 하고있다. 이는 회사가 돈을 내고 전 사원에게 무료 교육을 시켜주고 있고, 수십만 명에게 교육을 무료로 제공하고, 수강자 중에서 기업에 맞는 사람을 선발하는 새로운 모델로 인기를 끌고 있다.

디지털 트랜스포메이션으로 승부하라

디지털 트랜스포메이션(Digital Transformation)은 기업들이 최신의 디지털 기술을 활용하여 끊임없이 변화하는 환경에 적응하여 경쟁력을 확보하려는 노력을 일컫는다.[33] 디지털 트랜스포메이션은 기업의 관점에서 구체적으로 디지털 기술을 활용하여 변혁하는 프레임을 제시한다는 점에서, 아직 구체적인 분석 프레임이 부족하다고 지적되고 있는 4차 산업혁명의 정의와 전망보다 더 명

---

33) 박지훈(2017), 한국형 디지털 트랜스포메이션 Digital Transformation, 매일경제
(http://news.mk.co.kr/newsRead.php?year=2017&no=671051)

확한 의미를 가지고 있다.

IT 시장 분석 및 컨설팅 기관인 한국IDC는 디지털 트랜스포메이션을 기업이 디지털 역량을 활용하여 외부 환경에서 획기적인 변화를 추진하는 지속적인 프로세스라고 정의하였다. 최근 2018년에 개최된 '한국 IDG 디지털 트랜스포메이션'에서는 디지털 트랜스포메이션을 기업이 새로운 기술과 프로세스에 적절하게 반응하고 성공적으로 활용할 수 있는 능력으로 언급됐다. 이는 기존 역량의 확장뿐만 아니라 기업 구조를 근본적으로 바꾸는 새로운 비즈니스 모델의 개발, 기업 문화, 운영 행태까지도 모두 포함한다.[34]

〈디지털 트랜스포메이션의 정의〉

구분	정의
Bain & company	디지털 엔터프라이즈 산업을 디지털 기반으로 재정의하고 게임의 법칙을 근본적으로 뒤집음으로써 변화를 일으키는 것임
AT Kearney	모바일, 클라우드, 빅데이터, 인공지능(AI), 사물인터넷(IoT) 등 디지털 신기술로 촉발되는 경영 환경상의 변화에 선제적으로 대응하고 현재 비즈니스의 경쟁력을 획기적으로 높이거나 새로운 비즈니스를 통한 신규 성장을 추구하는 기업 활동임
PWC	기업경영에서 디지털 소비자 및 에코시스템이 기대하는 것들을 비즈니스 모델 및 운영에 적용시키는 일련의 과정임
Microsoft	고객을 위한 새로운 가치를 창출하기 위해 지능형 시스템을 통해 기존의 비즈니스 모델을 새롭게 구상하고 사람과 데이터, 프로세스를 결합하는 새로운 방안을 수용하는 것임
IBM	기업이 디지털과 물리적인 요소들을 통합하여 비즈니스 모델을 변화(Transform)시키고 산업(Entire Industries)에 새로운 방향(New Directions)을 정립하는 것임
IDC	고객 및 마켓(외부환경)의 변화에 따라 디지털 능력을 기반으로 새로운 비즈니스 모델, 제품 서비스를 만들어 경영에 적용하고 주도하여 지속가능하게 만드는 것임
World Economic Forum	디지털 기술 및 성과를 향상시킬 수 있는 비즈니스 모델을 활용하여 조직을 변화시키는 것임

자료 : 디지털리테일 컨설팅 그룹

---

34) 허은애(2018), "조직의 근본적 체질 개선 전략 구축이 관건" 한국 IDG 디지털 트랜스포메이션 2018 컨퍼런스,ITWorld(http://www.itworld.co.kr/news/109010#csidx010b85fa4d54159874ac2cafce1434b)

딜로이트 안진 경영연구원 김경준 원장은 한국IDG가 주최한 '디지털 트랜스포메이션(Digital Transformation) 2017'에서 "지난 한 해 동안 4차 산업혁명은 전산업군에 걸쳐 막대한 영향을 줄 아주 중요한 주제이며 이에 대한 준비를 해야 한다는 의제는 완성됐다. 올해부터는 기업들이 이를 어떻게 대응하고 준비하느냐의 단계로 넘어가는 중이다."라고 평가했다.[35]

역사상 최악의 전략적 제휴인 '보더스와 아마존과의 제휴'를 비롯해, '인디음반사의 대형음반사 대체', '우버에 의한 택시 대체', '유휴자산의 재활용 위워크(Wework)', 안드로이드와 심비안, 블록체인에 의한 신 유통구조, 위키피디아와 브리태니커, 크레이그 리스트와 신문 광고, 디지털 카메라와 코닥, 패션산업의 새로운 시도 렌트더런웨이, 개인 스마트 기기들을 통합한 스마트폰 등 지난 10년동안의 놀라웠던 변화가 있었다.

그에 따르면 디지털 트랜스포메이션이라는 것은 서서히 다가오는 것이 아니라 어느 순간 하루아침에 바뀌어 있을 수도 있으며, 알고 있다고 예측한다고 해서 다 가능한 것도 아니다. 디지털 트랜스포메이션은 기술의 문제가 아닌 비즈니스 문제이며 극변하는 환경에 제대로 대처하지 못하면 30년 이상 시장을 장악해 온 기업들도 하루아침에 파산할 수 있다.

코닥의 몰락을 예로 들 수 있다. 1975년에 처음으로 디지털 카메라를 개발한 것은 코닥이며, 1979년에는 '2010년 디카로 시장

35) 이대영(2017), "지금의 디지털 변혁, 5년 후면 일반적인 비즈니스가 될 것" 디지털 트랜스포메이션 2017 컨퍼런스. ITWORLD.(http://www.itworld.co.kr/news/104554)

전환한다' 예측 보고서를 전 임원들이 회람한 바 있었다. 다만 코닥은 기존 사업의 높은 수익성이 20년간 지속되고 기존 투자자산의 활용을 위해 변혁을 연기한 것뿐이었다.

기존 기업이 변혁에 제대로 대응하지 못하는 이유는 과거의 시장 조건에서 유효했던 탁월한 관리 운영 방식이 이제는 기업의 변혁에 장애물이 될 수 있다는 것이다. 즉 기존 사업을 지키고 영위하기 위해 새로운 방식의 도입을 거부하게 되는 것이다.

김경준 원장은 디지털 변혁 시대에는 누구나 어렵고 힘들지만 긍정적이고 개방적인 마음가짐으로 혁신에 임할 필요가 있다고 지적했다.[36)]

또한 '2016년 국내 IT 시장 10대 주요 예측(Korea Top Predictions 2016)'에서도 한국IDC는 비즈니스 전략의 중심으로 디지털 트랜스포메이션을 꼽았다.[37)] 디지털 트랜스포메이션 전략이 기업의 효율성과 경쟁력을 제고하고 비즈니스 관점에서 기업의 IT 투자를 주도하게 될 것으로 예측했다. 급변하는 비즈니스 환경 속에서 변혁이 요구되는 기업들은 디지털 트랜스포메이션을 통해 기존의 선도기업보다 IT 부문에 있어서는 보다 더 유연하고 민첩한 인프라를 확보할 수 있을 것이기 때문이다. 따라서 기업은 차별화된 경쟁력을 확보하기 위해 디지털 기술의 도입이 필수적이다.

이미 글로벌 기업들은 기존의 성장에 한계를 느끼고, 전통 산업

---

36) 이대영(2017), "지금의 디지털 변혁, 5년 후면 일반적인 비즈니스가 될 것" 디지털 트랜스포메이션 2017 컨퍼런스. ITWORLD.(http://www.itworld.co.kr/news/104554)
37) IDC(2015), 기업의 디지털 트랜스포메이션 추세가 향후 IT 투자 이끌 전망 - 한국IDC 2016년 국내 IT 시장 10대 전망 발표(http://www.kr.idc.asia/press/pressreleasearticle.aspx?prid=255)

에 ICT를 접목해 미래의 경쟁력을 확보하는 방향으로 비즈니스 목표를 재수정하고 있다. 즉, 디지털 트랜스포메이션에 돌입하고 있는 것이다. 기존 기업들이 하드웨어에 안주하고 변혁하지 않으면, 소프트웨어 기술로 무장한 디지털 기업들이 기존 사업을 혁신해 나갈 것임이 분명하다. 과거와 달리 하드웨어와 소프트웨어의 경계가 명확히 구분되지 않는 환경에 디지털화가 진행되면서 기계장치·장비로 구현되던 기능들이, 전자장치·장비와 소프트웨어로 대체되는 현상들이 이미 일어나고 있다.[38]

정보통신정책연구원(2017)에 따르면 이처럼 기업들의 디지털 트랜스포메이션이 최근 대두되고 있는 배경은 기술 공급 및 수요 측면과 관련이 있다.[39] 먼저 기술 공급 측면에서는 기존의 전통적인 ICT 시장의 성장이 저하되고 있는 반면, 클라우드, 모바일, 빅데이터, 소셜 영역을 포함한 플랫폼 디지털 기술, 그리고 로봇, IoT, 인공지능, 차세대 보안, 3D 프린터, 인터페이스 등과 같은 가속 디지털 기술 등은 시장의 성장을 주도하고 있다. 이 기술들은 과거에 비해 기업이 보다 저비용으로 도입하여 이용하기 쉽도록 변화하고 발전해 왔기 때문이다.

---

38) 박지훈(2017), 한국형 디지털 트랜스포메이션 Digital Transformation, 매일경제 (http://news.mk.co.kr/newsRead.php?year=2017&no=671051)
39) 김민식·손가녕(2017), 제4차 산업 혁명과 디지털 트랜스포메이션(Digital Transformation) 의 이해, 정보통신정책연구원

〈디지털 트랜스포메이션의 디지털 요소 현황〉

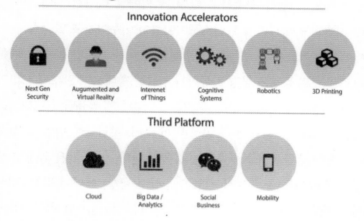

자료 : IT4IT(2016); 김민식 · 손가녕(2017), 제4차 산업 혁명과 디지털 트랜스포메이션(Digital Transformation)의 이해, 정보통신정책연구원

　기술 수요 측면에서는 기업이 효율성, 유연성, 새로운 비즈니스 모델 도출 등을 위해 디지털 기술을 경쟁력의 핵심도구로 보고 있다. 즉, 기업은 자사의 지속적인 경쟁력을 유지하기 위해 새로운 가치를 창출할 수 있는 방안을 모색해야 하는 상황에서, 기존 ICT를 포함하는 최신의 디지털 기술의 활용 또는 기존의 물리적 분야에 디지털 요소를 결합, 적용하는 등의 방식에 대한 수요를 갖고 있는 것이다.
　이미 주요 선도 기업들은 이러한 디지털 기술 도입 부문에서 공급 및 수요를 고려하고 디지털 트랜스포메이션 전략을 수립하여 수행해 나가고 있다.

제너럴일렉트릭(GE), 지멘스와 같은 글로벌 기업은 다양한 최신 디지털 기술을 활용하여 가상세계와 물리적인 세계를 연결하는 가상물리시스템을 구축하고 있다. 이외에도 다양한 산업 분야에서 지속적으로 디지털 트랜스포메이션이 이루어지고 있다.[40]

이 중에서도 가장 주목할 만한 산업 분야는 제조업 분야다. 예를 들어 스마트 공장은 공장 자동화가 진화한 형태로 ICT와 제조업 기술이 융합하여 사물인터넷, 빅데이터, 클라우드 컴퓨팅, CPS(Cyber Physical System) 등을 통해 공장 내의 장비, 부품들이 연결 및 상호 소통하는 생산체계를 구축하는 것을 말한다. 이와 같은 공장 자동화 시스템 구축을 통해서 기업은 생산성 향상, 에너지 절감, 생산환경 안정성 및 개인 맞춤형 제품 등 다양한 품목별 복합생산이 가능한 유연한 생산체계를 구현할 수 있다.

4차 산업혁명 시대를 여는 디지털 트랜스포메이션[41]

2016년은 산업기술 변화의 관점에서 알파고-이세돌로 시작되어 4차 산업혁명으로 마무리되었다. 인간이 고안한 가장 어렵고

---

40) 박지훈(2017), 한국형 디지털 트랜스포메이션 Digital Transformation, 매일경제 (http://news.mk.co.kr/newsRead.php?year=2017&no=671051)
41) 김경준, '격변의 패턴' 제4차 산업혁명 시대를 여는 딜로이트의 대담한 제언, 딜로이트 안진경영연구원.

복잡한 게임이라는 바둑에서 벌어진 인간계 최고수와 인공지능(AI) 간의 승부는 인간의 1대4 패배로 끝났다. 이는 인공지능의 현주소를 전하면서 디지털 혁명 시대의 사회경제, 산업기술적 변화와 미래 가능성에 대한 인식을 새롭게 해준 뜻 깊은 이벤트였다.

이후 조선, 해운 등 우리나라의 전통적 주력 산업의 경쟁력 저하가 가시화되고 세계경제포럼(WEF)에서 주창된 '4차 산업혁명'이라는 용어가 커다란 반향을 불러일으키면서 21세기 우리나라 경제를 이끌어 갈 새로운 산업적 지평에 대한 사회 전반적인 관심이 높아졌다. 하지만 화려한 총론의 성찬으로 세상의 관심을 모을 뿐이라는 시류의 한계도 지적되고 있다.

디지털 기술이 촉매제가 되어 진행되는 소위 4차 산업혁명의 방향성은 분명하다. 하지만 전반적 방향성의 이해와 개별 기업 차원의 사업 전략 추진은 별개이며, 기업과 사업 단위에서 해당 시장의 변화를 인지하고 실질적 전략을 수립하며 실천하는 것은 또 다른 차원의 문제다. 소위 총론은 공감하기 쉽지만 각론에 이르면 구체성을 확보하기가 쉽지 않다. 총론적 조망을 통해 변화의 방향성을 이해하는 동시에 개별 기업과 사업단위에서 기존 시장의 본질적 변화를 인지하고 효과적인 대응 전략을 수립하는 실질적 접근 방법의 모색이 필요한 시점이다.

어떤 시대에나 새로운 질서에 적응하기 위해서는 먼저 시장 질서와 고객 가치에서 일어나는 변화의 본질을 인지하고, 다음으로 효과적인 대응 전략을 수립 · 추진하는 2단계 접근이 필요하다. 하지만 디지털 혁명 시대의 특징은 속도와 불확실성이다.

산업 순환주기가 빨라지면서 급속하게 진행되는 변화에 기업의 부침도 극심해지고 미래에 대한 불확실성도 커지고 있다. 과거처럼 1등을 따라가는 벤치마킹으로는 변화의 속도를 따라잡을 수 없고, 현재의 1등이 내일의 1등 자리를 유지한다는 보장도 없다. 그러나 나침반도 없이 무작정 항해에 나서는 배처럼 대안들을 무조건적으로 선택할 수도 없는 상황에서는 현재까지 관찰된 패턴들을 기본 프레임으로 삼아 변화의 본질을 이해하고 대응 전략을 수립하는 것이 유효하다.

글로벌 시장에서 일어나고 있는 변화의 패턴들은 우리나라에서도 관찰되고 있기에 기존 기업들은 각자 입장에서 사업모델의 디지털 트랜스포메이션에 이를 적용할 수 있다.

이 때 혁신의 가장 큰 장애물은 기존 사업의 관성이다. 현재의 제도와 프로세스, 유·무형 자산과 기업문화는 현재까지의 성장 과정에서 최적점을 찾아 진화해 온 결과물이다. 기업과 조직도 변화에 적응해야 생존할 수 있는 유기체라는 관점에서 일정 수준의 변화에는 모두 적응력을 가지고 있지만, 디지털 혁명처럼 급속한 변화의 특이점, 변곡점을 맞은 상황에서는 적응이 쉽지않다. 특히 기존 시장의 질서에서 경쟁력 우위를 확보하도록 구성된 기존 자산이 디지털 시대의 새로운 질서에서는 무용지물이 될 수 있다는 우려는 더욱 변화에 대한 장애물로 작용한다. 이런 요인들이 기존 기업들의 변화를 가로막아 효과적 대응을 지체시키면, 디지털 시대의 사고방식과 사업모델로 무장한 신생 기업들이 부상하면서 시장은 격변한다. 그렇기 때문에 디지털 트랜스포메이션을 전담하는 사업부문과 전담인력의 지속적이고 연속성 있는 배치가 초기에 매우 중요하다.

'굴뚝산업의 대표주자' GE, 소프트웨어 기업으로 전환[42]

⟨the 12t year old startup⟩

자료 : 블룸버그비즈니스

---

42) 박지훈(2017), 한국형 디지털 트랜스포메이션 Digital Transformation, 매일경제
(http://news.mk.co.kr/newsRead.php?year=2017&no=671051)

제조업 분야에서 디지털 트랜스포메이션에 적극적인 기업으로는 제너럴일렉트릭(GE)이 자주 거론된다. 2016년 3월 미국의 저명한 경제지인 블룸버그 비즈니스는 GE의 창립자인 토마스 에디슨을 표지에 실으며 'the 12t year old startup'이라고 이름 붙였다. 완전히 새로운 고객가치를 빠른 속도로 창출하여 성장하는 기업으로서의 GE의 변화를 담고 있다.

항공 엔진, 터빈 등 중후장대한 장비들을 대표적인 굴뚝산업의 상징처럼 여겨졌던 GE는 몇 년 전 "소프트웨어 역량이 제조업 성장의 핵심"이라며 체질개선에 나섰다. 소프트웨어가 모든 종류의 기계에 동작하고 모든 작업환경에 활용하기 위해 2010년부터 '사물인터넷(Internet of Things)' 신사업에 투자했다. 디바이스가 데이터를 수집하고 중앙으로 데이터를 전송하면, 소프트웨어가 이를 분석해 사업에 유의미한 결과 및 인사이트를 제공할 수 있다는 생각이었다. 결국 GE는 산업용 운영 체계(OS)인 프레딕스(Predix)를 세상에 선보였고 회사를 대표하던 가전 부문을 중국 하이얼에 팔고 금융사업도 웰스파고에 매각에 나섰다. 내부적으로는 전략적, 조직적으로 굵직한 변화들을 추진해 왔다. '디지털 제조업(Digital Industrial)'이란 기치 아래 패스트웍스(FastWorks) 도입, 연간 성과 리뷰 폐지, 상대 평가 폐지, 리더십 변혁 등 수십 년간 GE라는 거대한 회사를 움직여 왔던 제도·시스템의 변화는 많은 기업들을 놀라게 하기도 했다. 2015년, GE의 제프리 이멜트 회장은 향후 자사의 비전을 '2020년 전세계 10대 SW 기업으로의 등극'이라고 천명하였다. 그리고 2016년 GE는 약 1200억 달러(약 137조)의 매출액을 거뒀으며 현재 전체 매출 가운데 약 50억 달러(GE Digital · 사업부문의 프레딕스 플랫폼 매출 부문만 반영, 약 5조7,000억 원)가 디지털 분야에서 성과를 거두며 성공적인 디지털 전환을 이뤘다고 평가 받고 있다. GE는 그들 스스로 '디지털 컴퍼니(Digital Company)'로 서 기업고객을 위한 산업 인터넷 인프라를 제공하는 동시에, 거기 서 축적한 고객의 데이터를 자산화(Data Asset)하여, 데이터를 기반으로 전세계 산업계의 구글이 되려고 움직이고 있다.GE는 그 들 스스로 '디지털 컴퍼니'로서 기업고객을 위한 산업 인터넷 인 프라를 제공하는 동시에, 거기서 축적한 고객의 데이터를 자산화 (Data Asset)하여, 데이터를 기반으로 전세계 산업계의 구글이 되려고 움직이고 있다.

아디다스를 통해 본 스마트 팩토리의 미래[43]

독일 의류기업 아디다스(Addidas)는 최근 24년 만에 독일로 제 조공장을 회귀시켜 화제가 되었다. 1993년 이후 값싼 인건비를 찾아 중국, 베트남 등에 공장을 지었던 아디다스는 올해부터 독일 과 미국에서도 운동화를 생산하기로 했다. 독일 안스바흐와 미국

---

43) 박지훈(2017), 한국형 디지털 트랜스포메이션 Digital Transformation, 매일경제 (http://news.mk.co.kr/newsRead.php?year=2017&no=671051)

조지아주 애틀랜타에 들어선 공장에는 3D프린터 및 로봇 기술을 활용한 '스피드 팩토리(Speed Factory)'가 자리했다. 안 스바흐 공장에서는 160명에 불과한 직원이 연간 50만 켤레의 신발을 제조한다. 제조, 유통 비용의 혁신과 지역과 임금에 구애 없는 자동화된 중소형 공장 모델을 제시한 것이다. 스피드 팩토리의 핵심은 단순 자동화가 아닌, '소비자 대상의 맞춤형 신발을 빠르게 생산할 수 있음'에 있다. 신발끈부터 깔창, 뒷굽, 색깔까지 신발 제조를 결정하는 수백만 가지 옵션 중 소비자가 원하는 것을 선택하면 5시간 안에 1개의 제품을 생산해 1주일 안에 고객에게 배송한다. 하나의 신상 운동화가 제작부터 매장에 진열되기까지 통상 약 1년 6개월이 소요되었다면 스피드 팩토리는 이를 10일 이내로 단축해 소비자가 원하는 신발을 빠르게 공급할 수 있다. 유행 변화에도 신속한 대처가 가능하며 특이한 발 질병을 지니고 있는 환자들에게도 유용하다.

온라인 맞춤 신발 제작 기업인 '슈즈 오브 프레이(Shoes of Prey)'도 디지털 전환으로 제품 혁신을 추진한 사례다. 2009년 설립된 이 회사는 최초로 여성 신발 대량 맞춤 서비스를 제공해 설립 두 달 만에 투자금을 회수했다. 3D 디자인 프로그램으로 12가지 신발 모양, 170가지 소재 등 다양한 선택사항을 제공하면 고객들은 그중에서 마음에 드는 것을 골라 온라인에서 직접 신발을 디자인하고, 주문하면 본인 취향에 딱 맞는 신발을 배송받을 수 있다.

유통·패션분야도 피할 수 없는 디지털 전환[44]

기업들에게 '성경'처럼 여겨졌던 고객중심주의는 E2E(Everyone -to-Everyone) 경제로의 패러다임 전환이 일어나고 있다. 소셜 미디어, 모바일, 애널리틱스, 클라우드와 같은 최신 디지털 기술을 통해 사람, 기업, 정부 간 상호 관계가 끊임없이 변화하고 있다. 전례 없는 수준의 연결성(Connectedness)이 실현되었고 전 세계적으로 소비자중심주의(Consumerism)에 대한 투자가 이루어지는 중이다. 바야흐로 개인중심경제(Individual-centered economy)의 시대가 시작된 것이다. 제품의 온오프라인 유통채널을 넘나들며 적극적으로 탐색, 비교를 하고 저가격·고품질의 가성비 높은 제품을 구매하는 옴니채널(Omni-Channel)의 방식으로 변화되고 있다.

옴니채널은 기존의 오프라인 매장과 온라인 매장을 별개로 보았던 것에서 벗어나 고객이 온라인, 모바일, 오프라인 등 다양한 경로를 복합적으로 이용하여 상품을 검색하고 구매하는 것을 말한다. 즉, 각 유통 채널의 장점을 결합해 어떤 채널에서든 같은 매장을 이용하는 것처럼 느낄 수 있도록 만들어진 쇼핑환경으로 옴니채널을 활용한 쇼핑패턴은 아래와 같이 다양하게 나타난다.

쇼루밍(showrooming)은 오프라인에서 제품정보를 보고 온라인으로 구매하는 것으로 당장 물건을 필요로 하지 않는 시간적 여유를

---

44) 박지훈(2017), 한국형 디지털 트랜스포메이션 Digital Transformation, 매일경제 (http://news.mk.co.kr/newsRead.php?year=2017&no=671051)

가진 고객이 저렴하게 구매를 할 수 있다. 아디다스는 오프라인매장에서 공간 제약으로 진열할 수 없는 8,000여 개의 제품을 터치스크린을 통해 볼 수 있도록 함으로서 매출을 500% 신장시키는 성과를 이루어냈다.

역쇼루밍 · 웹루밍(Reverse-showrooming · Webrooming)은 온라인에서 제품정보를 보고 오프라인 매장에서 구매하는 형태로 오프라인매장을 돌아볼 여유가 없는 경우나 다양한 제품을 한꺼번에 보고 싶은 경우, 고가의 제품을 인터넷으로 구매하는 것이 불안한 경우 많이 발생한다. 미리 구매 후기나 정보를 확인하여 고객의 구매 결정을 돕는다.

모루밍(morooming)은 오프라인 매장에서 제품을 살펴보고 즉석에서 모바일로 구매하는 형태로 쇼루밍과 유사하지만 즉각적으로 일어난다는 점에서 차이가 있다.

〈옴니채널 시대〉

자료 : http://www.forbes.com/sites/marketshare/2012/11/21/retailers-see-a-5-percent-loss-due-to-showrooming-this-thanksgiving-and-beyond/

국내외 O2O 관련 주요 사업자 및 서비스 현황

지속적으로 옴니채널을 활용한 고객이 증가함에 따라 자연스럽게 O2O서비스가 발생하고 있다. 고객가치는 온라인이나 오프라인 어느 한 곳에 제한되어 창출될 때보다는 오히려 두 부분이 서로 전략적으로 묶여질 때 더욱 나은 방향으로 창출, 전달될 수 있기 때문이다.

이처럼 개인이 원할 때 즉각적으로 개인의 위치, 성향 등을 분석해 맞춤형 서비스를 제공하는 온디맨드(On Demand) 서비스 이용이 늘어나고 있다. 이제 제작된 제품만을 고르는 공급자 주도형 대량 소비시대는 저물고 개인화된 극소규모의 수요가 새로운 트렌드로 등장하고 있다.

이러한 트렌드에 맞춰 패션산업에서 디지털 전환에 성공한 대표적인 사례로는 스페인의 자라(Zara)가 꼽힌다. 옴니채널을 적극적으로 활용하고 있는 자라는 오프라인 매장의 대형화를 추진해 소비자 경험의 폭을 늘리고 온라인 구매 · 오프라인 매장 픽업서비스를 실시하고 있다. 일주일만 지나도 소비자들이 패션에 뒤처졌다고 느끼는 소비자들의 성향을 간파하고 4개의 시즌으로 나누지 않고, 11~15개 혹은 그보다 더 많은 시즌으로 나눠 생산, 속도경영, 재고관리의 효율화에 나섰다. 토요타 자동차로부터 JIT(Just In Time) 방식을 이전받으며 생산방식의 혁신에 대한 기술을 습득하고, 재고관리를 위한 빅데이터 알고리즘은 MIT로부터 학습하면서 사내 기술역량을 확보했다. 2007년 이후부터는 패션업계 세계 최초로 전자태그(RFID)를 도입하고 판매시점 관리시스템(POS)를 통한 구매 데이터를 축적하면서 점차 짧아지는 SPA의 트렌드 변화를 반영한 디자인으로 시장을 선도하고 있다.

영국 브랜드 올세인츠(All Saints) 역시 마찬가지다. 이 기업은 매출 하락으로 고전하던 시기에 전 세계 매장과 물류, 소비자를 하나로 연결하는 물류 시스템과 결제 시스템을 구축, SNS 형태로 회사 커뮤니케이션 시스템을 바꿨다. 이를 기반으로 본사, 매장, 제품, 재고에 이르는 모든 시스템을 디지털화했다. 고객으로부터 수집한 다양한 데이터를 실시간 분석하여 디자인, 생산 및 유통의 전 과정에 활용한다. 패션기업으로 100명이 넘는 자체 SW인력을 보유하며 코딩부터 플랫폼까지 자체 개발하며 기술과 지식노하우를 사내에 축적하고 있다. 현재 이 기업은 4년 간의 디지털 전환으로 영국, 유럽, 북미, 아시아, 중동 등 16개국 140개 직영 매장을 개설했고, 홈페이지에서 200개 이상의 국가에 배송 서비스를 제공하는 글로벌 물류기업으로 변신에 성공했다.

■O2O 전략

고객가치는 온라인이나 오프라인 어느 한 곳에 제한되어 창출될 때보다는 오히려 두 부분이 서로 전략적으로 묶여질 때 더욱 나은 방향으로 창출, 전달될 수 있다. ICT진화에 따른 온라인 상거래 시장은 자연스럽게 성장하고 있으며 2013년 대비 2014년 온라인 상거래는 16%, 모바일 거래액은 120%이상 증가하였다. 이는 전체 상거래의 80%이상을 차지하고 있는 오프라인시장의 온라인으로 확산을 가속화 시키고 있다. 아래 그림에서처럼 320조 원에 달하는 오프라인 상거래 규모가 급속하게 O2O시장으로 이동하게 될 것으로 보고 있다.

O2O 국내 잠재 시장 규모

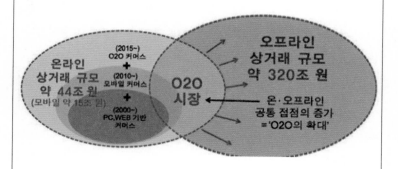

이때 중요한 것은 O2O 전략은 고객의 입장에서 생각되어야 합니다. 인터넷 경로는 고객에게는 하나의 거래를 완성함에 있어서 온라인과 오프라인의 두 경로 가운데서 선택할 수 있는 하나의 경로라는 것이다.

그러나 이때, 인터넷 유통은 이러한 두 경로 가운데 하나가 고객에게 선택되어지는 것으로 받아들일 것이 아니라, 고객과의 거래를 완성시킴에 있어서 두 개의 경로를 적절히 활용하여 시너지 효과를 얻도록 함이 중요하다.

또한 인터넷 경로를 활용함에 있어서 기업은 온라인 경로의 등장이 전통적인 오프라인 경로에서의 매출을 축소시키는 것으로 보아서는 안 된다. 오히려 온라인과 오프라인 두 경로의 적절한 활용을 통해 시장의 규모를 확대시킴으로서 매출 혹은 이윤의 증대가 발생될 수 있음에 주목하여야 한다. O2O가 성공하려면 가격이 비슷한 수준에서 이루어져야한다. 같은 신발인데 대리점에서는 8만 원이고 홈페이지나 오픈마켓에는 5만 원에 판다면 O2O가 아니라 쇼루밍만 늘어날 수 있기 때문이다.

특히 온라인 경로의 등장이 오프라인 경로 매출성장을 촉진할 수 있다. 실제로 인터넷상에서 기업이나 제품에 대한 공고에 노출되거나 혹은 정보를 얻은 다음에 오프라인의 점포를 방문하는 고객이 많다. 기업은 고객과의 거래가 이루어지는 다양한 유통경로를 고려하여 전체적인 파이를 증대시키는 전략을 구사해야 할 것이다.

스타벅스의 디지털 트랜스포메이션 성공 사례[45]

세계 최대 커피전문점 체인 스타벅스는 '서비스 디지털화'로 진화를 거듭하여 미국 내 스타벅스 충전카드 적립금 총액이 2016년 1분기 기준, 12억 달러(1조 4,130억 원)를 넘어서는 성과를 달성했다.

이러한 성과를 얻기까지 스타벅스는 매출급감, 브랜드 이미지 추락, 고객의 다변한 요구 대응 등의 경영상의 어려움에 직면했으며 매출견인, 이용고객 확대, 환경변화를 극복하기 위한 솔루션으로서 최근 6년 동안 디지털 혁신에 집중해 왔다.

모바일 및 소셜 미디어 등의 새로운 디지털 기술이 등장하면서 고객 커뮤니케이션 및 매장 내 고객 경험 강화를 위한 새로운 접근방법으로 디지털 트랜스포메이션을 시작하게 되었다.

스타벅스는 매장 내 고객경험을 강화하는 '리워드(Reward)', '개인화(Personalization)', '결제(Payment)', '주문(Ordering)'의 디지털 플라이휠(Digital Flywheel)을 주축으로 디지털 트랜스포메이션을 추진했다.

먼저 플라이휠은 기계나 엔진의 회전속도를 유지하기 위해 사용되는 바퀴를 의미하는데 스타벅스의 디지털 플라이휠은 판매량 증가를 위해 알고리즘과 자동화를 통해 언제 어디서나 보상과 개인화된 서비스, 간편결제, 효율적인 주문을 가능하게 하는 전략을 말한다. 즉 사람들이 커피를 구매하는 과정에 주목하여 모바일 기반의 주문, 결제, 리워드, 개인화 서비스를 제공하여 고객경험을 향상시키고 충성고객 확보와 지속적인 구매를 유도하는 것이다.

---

45) 김형택(2017), 2017년 IT산업 메가트렌드 : 디지털 트랜스포메이션을 향한 여정, 한국정보산업연합회

디지털 플라이휠 전략은 다른 앱이나 지불화폐가 다른 국가에 구애 없이 온오프라인에서 단일하게 끊김없는(Seamless) 경험을 제공하는 것을 목표로 한다. 디지털 플라이휠에는 보상과 개인화된 서비스 뿐만 아니라 간소화된 지불과 효율적인 주문 절차가 포함되어 있다. 이를 위해 POS와 관리부서 회계 애플리케이션, 22개 버튼의 모바일 앱, 모바일 주문 및 결제 시스템 등의 다양한 기술 플랫폼을 하나의 상거래 클라우드로 통합했으며, 2019년까지 스타벅스 전 세계 매장의 80%를 디지털 플라이휠 모델로 확대 운영할 계획이라고 한다.

고객 주문의 경우에는 매장을 방문하지 않더라도 모바일로 편리하게 주문, 결제할 수 있는 주문서비스인 '사이렌오더(Siren

Order)'를 2014년 5월에 런칭하고 2014년 말부터 '모바일 오더
& 페이(Mobile Order & Pay)'라는 서비스를 전 세계로 확대하고 있
다. 모바일 결제는 스타벅스의 디지털 플라이휠의 에코시스템의
기반이 되는 서비스로 구매 또는 선물받은 기프트카드를 마이스
타벅스 리워드에 등록하여 모바일 앱에서 편리하게 사용할 수 있
다.

리워드 프로그램의 경우에는 2001년부터 고객들에게 각종 혜
택을 제공하는 충전형 멤버쉽 카드서비스를 제공해 왔으며 본격
적으로 스마트폰 가입자가 늘어나면서 2011년에 모바일 앱으로
서비스를 확대하여 주문, 결제, 혜택 제공과 연계한 다양한 보상
프로그램을 제공하고 있다. 마이스타벅스 리워드는 스타벅스 카
드와 함께 고객충성도와 혜택을 강화하며 음료를 주문할 때마다
포인트인 '별(Star)'이 한 개씩 쌓이는 방식으로 회원등급이 높아
지면 가격할인이나 쿠폰혜택이 제공된다.

또한 개인화 서비스를 제공하기 위해 구매이력과 장소, 날짜와
시간을 결합해 매장을 방문하는 고객에게 개인화된 상품 및 서비
스를 제안하고 있다.

이처럼 스타벅스는 고객경험, 사물인터넷, 데이터 활용의 디지
털 전환에 주력하고 있으며 특히 디지털 플라이휠의 고객경험을
높여주기 위해 최신의 디지털 기술을 적용하고 있다.

모바일 앱으로 비약적인 매출을 늘려온 스타벅스는 인공지능 채
팅 봇 등의 새로운 기술의 도입을 통해 고객과의 접점을 더욱 확
대하는 노력을 하고 있으며 중국 채팅 앱인 '위챗(WeChat)'과 제

휴하는 등 중국 서비스도 강화하고 있다.

그렇다면 스타벅스의 디지털 트랜스포메이션 성과는 어떠한가. 2016년 12월 기준으로 스타벅스는 투자발표회에서 미국 내 스타벅스 모바일 결제 고객의 3분의 1인 250만 명이 모바일 오더 & 페이 멤버이며 리워드 프로그램 회원은 2015년 대비 18% 증가한 1,200만 명이라고 밝혔다. 또한 스타벅스 전체 모바일 앱 가입자 1,600만 명 중 월 평균 600만 건의 주문이 모바일 결제로 이뤄지고 있으며 미국 내 전체 매출의 25%(10억 3,000만 달러)가 모바일 앱을 통해 발생했다.

스타벅스는 CEO의 강력한 디지털 트랜스포메이션 비전을 중심으로 핵심 디지털 인재 확보, 모바일 기반의 디지털 플랫폼 구축을 통해 온오프라인의 끊김없는(Seamless) 고객경험 강화를 성공적으로 이뤄낸 사례라고 볼 수 있다.

中企 협력생태계 바꾸는 '네트워크법' 나온다

기업과 기업이 연계되던 이전의 협업에서 발전하여 플랫폼을 중심으로 개인, 기술, 아이디어, 자금, 정보 등으로까지 확되되며 네트워크의 중요성이 대두되고 있다.

〈협업개념의 발전 : 협업형 중소기업과 네트워크형 중소기업의 구분〉

	협업(collaboration)	네트워크형
대상	기업-기업	기업, 개인, 자금, 아이디어, 기술, 정보, data 등 모든 경영요소
목적	비용절감, 생산성 향상, 제품 생산 및 판매	비용절감, 생산성 향상, 제품 생산 및 판매, 학습, 신제품 개발, 신사업, 신산업 통로
형성	offline 중심	인터넷 네트워크(platform) 및 공유 오피스

자료 : 중소기업포커스(2017)

하지만 국내 중소기업들이 지적재산권 소유와 개발이익의 분배, 주도기업의 폭리, 아이디어 도용 등의 문제에 부딪혀 기업 간 협업이 실패하는 사례가 속출하고 있다.

예를 들어 국내 중소기업 A사는 송수제어기 개발을 B사에 제안했다. B사는 생산과 공급을 담당하고 A사는 부품을 제조하여 공급하기로 약정했다. 약정을 맺은 후 2년. A사와 B사가 공동개발에 성공하면서 시장에 제품을 출시한 뒤 상당한 매출을 올렸다. 하지만 돈 맛을 보게 된 B사는 A사의 부품을 타 부품 제조사와 비교하며 지속적으로 단가인하를 요구, 결국은 5년도 되지 않아 그들의 계약은 파기 됐다.

C사는 D사와 함께 공기청정 장비를 개발해 사업화를 협의하고 기술개발을 기획하던 중 지적재산권의 소유와 사업수익 분배 등의 문제가 발생하자 해결방법을 구할 수 없어 협력개발을 도중에 포기했다.

이러한 사례를 막기 위해 정부는 기업 간 역량을 상호보완하고 협업하는 중소 · 벤처기업에 대해 파격 지원하는 법 제정의 노력을 해오고 있다. 2017년 12월 27일 발표된 정부의 '2018년 경제정책방향'에 따르면 중소기업의 협업을 촉진하기 위한 '중소기업 네트워크법'(가칭)을 제정한다는 것이다. 융합과 연결이 화두인 4차 산업혁명 시대에 대응하는 한편, 규모의 경제를 통해 중소기업 주도의 성장이 가능하도록 하겠다는 차원이다.

〈네트워크법 제정〉

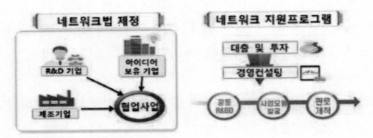

자료 : 정부(2017), 2018년 경제정책방향

네트워크법은 중소·벤처기업이 협업을 통해 서로 혁신 역량을 보완할 수 있도록 협업사업에 필요한 내용을 담는다. 특히 협업하려는 중소·벤처기업들이 프로젝트 수행을 위해 공동지분으로 설립한 '협업전문회사' 제도를 도입하는 게 핵심이다.

예를 들어 아이디어가 있는 기업, 연구개발(R&D) 역량을 갖춘 기업, 제조기업이 특정 프로젝트를 위해 협업전문회사를 설립하면 창업기업 수준의 강력한 지원을 펴겠다는 것이다.

정부는 협업법인에 대한 대출·투자·경영컨설팅 등을 종합 지원하는 프로그램 도입을 위해 산업은행·중소기업진흥공단 등 정책자금기관에 2500억 원 규모 예산편성을 검토하고 있다.

그동안 중소기업계에선 대기업에 비해 부족한 경영자원을 보완하기 위해 기업간 전략적 협력, 기술 교류에 대한 정책지원이 절실하다는 의견이 많았다. 또한 4차 산업혁명의 핵심인 기술융합, 개방형 혁신을 이루기 위해 동종·이종 기업간 협업으로 새로운 사업영역을 개척해야 한다는 요구도 높았다.

실제로 일본은 2005년 신산업에 진출하는 협업회사를 위한 '신연휴 지원제도'를 도입해 지원 건수가 2005년 154건에서 2015년 1042건으로 빠르게 늘었고, 시장거래 달성율은 2013년 36.8%에서 2015년 79.2%까지 상승했다. 이탈리아도 '네트워크 계약법'을 통해 협업회사에 금융·세제상 인센티브를 주고 있다.

이탈리아에서는 기업 간 협력의 문제점을 해결하고 협업으로 인한 시너지 효과를 높이기 위해 2009년 7월부터 네트워크 계약법을 제정·시행하고 있다. 이탈리아에서는 네트워크법을 통해 참여한 기업들의 성장률이 2011년 5월부터 2012년 5월까지 1년 동안 35%에 이른 것으로 나타났다. 이탈리아 네트워크법이 중소기업의 육성 성공 제도로 평가받으면서 유럽연합(EU)에서도 네트워크법 도입 움직임이 일고 있다. 우리나라도 중소협력 생태계를 변혁시킬 수 있는 네트워크법 도입과 그에 따른 기대효과가 나타날 것으로 기대된다.

〈주요국의 기업 네트워킹 정책 동향 및 대표 사례〉

국가	법·제도	주요 사업	사업 내용	대표 사례
이탈리아	EU의 「중소기업법」	「Network Contract」	- 신뢰의 제도화를 통한 폐쇄성 극복, 개방형 혁신 - 협업, 교환, 공동사업 - 표준계약서 - 정부차원의 직접 지원 배제	- RETE RIBES - RETE LOG - The Brenta Master Shoemakers Consortium 등
일본	「중소기업신사업활동촉진법」, 「일본재흥전략」	「신연휴 지원사업」	- 이종 분야 중소기업의 연계 - 신상품 및 서비스 개발, 사회 문제 해소 관련 사업	- 교토시작센터 - 파이브테크넷 - Jibun Bank Corporation 등
독일	「Platform Industry 4.0」	「Partners for Innovation Initiative」	- 협업을 통한 기술의 상용화 지원 - 중소기업을 디지털화 및 네트워크화된 산업 시스템에 편입 - platform 중심 정보, 기업 등 결집	- AKKU 컨소시업 - AUTOSAR - Lead Engineering Group 등
미국	「국가 공동연구개발 및 공동생산법」	- 「생산 공유프로그램 지원제도」 - 「전략적 제휴서비스 프로그램 지원제도」 - 「자금지원약정」 - 「첨단제조업 파트너십 2.0」 - 「창업 아메리카 이니셔티브」	- 공동 생산, 마케팅 물류 체계 형성 지원 - 기술제휴 등을 통한 신제품 및 서비스 개발 - 제조기술 혁신 활성화, 제조 중소기업 혁신 여건 마련, 제조 중소기업 기술 상업화 지원, 제조 중소기업 자금 지원 - platform 중심으로 진화	- 실리콘밸리 모델 : Intel 등 - 제조협력 모델 : P&G, Local Motors 등 - 플랫폼 모델 : google, Apple, Quirky 등

자료 : 중소기업포커스(2017)

3장
긱 이코노미란 무엇인가

긱 이코노미의 등장배경

　고용시장이 계약직과 프리랜서를 중심으로 재편되는 가운데, 온디맨드 경제로 촉발된 '긱 이코노미(Gig Economy, 긱 경제)'라는 개념이 새로운 트렌드로 떠오르고 있다. 공유플랫폼 서비스 확대에 따른 소비 트렌드 변화와 일자리 등 사회경제적 변화가 발생한 것이기때문에 긱 이코노미에 대해 살펴보기 전에 먼저 온디맨드 경제를 살펴볼 필요가 있다.

① 온디맨드 경제의 대두

온디맨드(On Demand) 경제는 수요자의 요구에 따라 상품과 서비스가 모바일 네트워크를 통해 원하는 형태와 시점에 공급되는 시스템을 말한다. 협의의 개념으로는 온라인으로 수요를 파악해 오프라인으로 서비스를 공급하는 O2O의 형태를 의미하기도 한다. 특히 특정 기업이 자체적으로 제품과 서비스를 제공하기보다는 주로 개별 계약자(Contractor)들이 서비스를 제공하는 경우가 많다.

온디맨드 경제는 모바일 기기의 확산으로 언제 어디서나 즉시 접속 가능한 환경(On)이 구축되고 위치기반기술 등의 발달로 개인화된 니즈(Demand)에 대한 맞춤화 경제성이 증대되면서 대두되었다. 이제는 교통에서 출발하여 숙박, 세탁 배달, 청소, 세차, 음식 배달, 대리운전, 퀵서비스 등으로 서비스도 점차 다변화되는 추세이다.

온디맨드는 모바일 플랫폼을 활용하는데다 기업은 개인이 제공할 수 있는 서비스를 수요자와 연결하고 수수료를 얻는 구조로 고용이나 자산 보유에 대한 부담이 적기 때문에 즉시적 접근성, 편리성, 가격 경쟁력 등의 강점을 보유하고 있다.

우버가 스마트폰의 위치기반 기술과 지도 시스템을 이용해 기존 택시 산업의 차량 대기시간과 운행 투명성 문제를 개선한 것처럼, 온디맨드 서비스는 기존 산업이 가지고 있던 기술적 한계를 극복하여 보다 더 편리한 서비스를 제공할 수 있는 기반을 제공한다.

② 온디맨드 경제의 확대

플랫폼 사업자들은 기존 전통적인 비즈니스 모델이 가진 비효율성을 모바일로 제거하고, 동일한 시간과 노력과 비용을 들인다면 더욱 더 효과를 극대화하는 장점을 가지고 있다.

〈플랫폼 기반의 서비스 구조〉

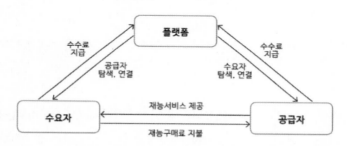

자료 : 마상천(2018), 퇴직 베이비부머의 일자리 돌파구, 긱 이코노미(上), 은행연합회

온디맨드 경제는 빠른 속도로 성장하며 기존 산업구조에 변화를 일으켜 일부 산업에서는 온디맨드 서비스 업체들이 기존 플레이어들을 위협할 정도로 성장하고 있다. 미국 국민의 기술 수용성 연구(NTRS)에 따르면, 우버(Uber), 리프트(Lyft)와 같은 온디맨드 운송서비스를 이용하는 국민은 매월 730만 명에 달하며, 관련 지출액도 연간 56억 달러(약 6조 원)에 이르는 것으로 추정하는 등 대중적인 교통 서비스로 성장하였다. 우버의 경우 불법 택시 운영이라는 이유로 법적인 논란을 일으키고 있지만 지속적으로 서비스 지역을 확장하여 76개국 473여 개 도시에서 운영 중이다.

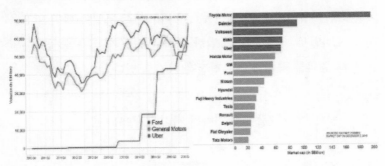

〔우버 vs 포드 vs GM 기업가치 추이〕　〔우버와 완성차 업체의 기업가치 비교〕

자료 : Liyan Chen(2015), At $68 Billion Valuation, Uber Will Be Bigger Than
　　　GM, Ford, And Honda, Forbes

　　카우치 서핑(Couch Surfing)이나 태스크 몽키(Task Monkey, 심부름 용
역 사이트)나 업워크(Upwork, 프리랜서 중개 사이트) 등도 이에 해당한다.
'카우치 서핑'은 여행자가 잠잘 수 있는 '소파(couch)'를 '찾아다니
는 것(surfing)'을 뜻하는 말로, 인터넷을 통해 각국의 현지인과 여행
자가 교류한다. 여행자가 자신이 여행할 곳에 사는 현지인에게 본인
소개와 체류 기간 등을 알리고 무료 잠자리 제공 의사를 물으면 현
지인은 해당 정보를 확인 후 답변을 주는 방식이다. 그렇게 만난 여
행자와 현지인은 공간뿐 아니라 정도와 방식의 차이가 있지만 문화
와 우정도 나눈다. 최초 시작은 경비절약에 있었지만 몇 번의 시행
착오, 그리고 무엇보다 다만 순수한 마음에서 낯선 이방인을 초대해
그 여정이 보다 편안하고 즐겁도록 애쓰는 좋은 사람들을 만나면서
방향이 달라졌다. 태스크 몽키(Task Monkey)는 심부름 용역을, 업워
크(Upwork)는 프리랜서를 연결하며 긱 워커들의 활동을 돕고 있다.

또한 2012년부터 2016년 3분기까지 전 세계 온디맨드 기업의 투자규모 총 432억 달러 가운데 약 78%인 336억 달러가 2015년 이후에 투자되었을 정도로 가파른 성장을 나타내고 있다.

〈미국 온디맨드 기업 투자규모〉

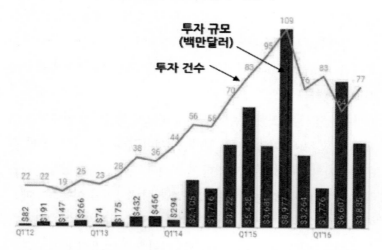

자료 : CB Insight(2016), At Your Service : On-Demand Deals Bounce Back From Trough

긱 이코노미란

온디맨드 경제의 활성화와 함께, 온디맨스 서비스에 의해 요구되는 노동 수요가 함께 증가하며 '긱 이코노미(Gig Economy)'가 새로운 노동 트렌드로 부상하고 있다. 긱 이코노미란 '그때 그때 발생하는 필요에 따라 임시직을 섭외해 일을 맡기는 경제 형태'를 말한다. 1920년대 미국 재즈 공연장 주변에서 필요할 때마다 연주자를 섭외해 단기 공연을 진행하던 '긱(gig)'에서 유래한 용어다.

과거에 긱 이코노미는 각종 프리랜서와 1인 자영업자 등을 포괄하는 의미로 사용됐지만, 온디맨드 경제가 확산되면서 최근에는 온라인 플랫폼 업체와 단기 계약 형태로 서비스를 제공하는 공급자를 의미하는 것으로 변화되었다.

어떠한 경제 구조든 많은 사람에게 빠르게 확산되기 위해서는 수요자와 공급자의 이해관계가 맞아떨어져야 한다. 긱 이코노미의 경우 수요자의 입장에서는 조금 더 싼 가격으로, 자신에게 적합한 것을 직접 선택할 수 있다는 장점이 크다. 디지털 플랫폼을 이용하기 때문에 전화를 걸거나 직접 이야기를 나눠야 하는 '정서적' 수고도 없다. 무엇보다 기존 서비스보다 '싸다'는 점이 높은 호응의 비결이다.

앞서 예로 든 것처럼 필요할 때 차량 서비스를 제공하는 '우버', 영국판 '배달의 민족'이라고 불리는 음식 픽업 서비스 '딜리버루' 등이 긱 이코노미 현상으로 언급되는 사례들이다.

많은 비정규 근로자들은 스타트업 업체들이 제공하는 온라인 중재 플랫폼을 이용하여 일자리를 찾고 돈을 번다. 2017년 현재 미국에서는 이미 '셰어링 이코노미(sharing economy)'를 통해서 돈을 버는 인구가 전체 인구의 34%로 전통적 개념의 정규직 일터에서 일하는 인구인 24%를 능가했고 독립 계약직이나 프리랜서 인구의 비율도 20%에 가깝게 나타나고 있다. 향후 2020년에는 미국 내 긱 워커가 43%까지 늘어날 것으로 보고 있다. 타임지의 설문 조사에 따르면 미국 성인의 44%는 긱 이코노미 서비스를 활용한 경험이 있고 25%는 이미 활발한 제공자 및 소비자로 나타났다.

국가 차원의 변화도 찾아볼 수 있다. 일과 삶의 균형'과 '노동생산성'이라는 두 마리 토끼를 잡기 위해 최근 영국 · 일본 · 독일 등 선진국에서는 아예 새로운 노동형태를 도입해 문제를 해결하려는 시도를 하고 있다. 어디에도 소속되지 않은 채 자유롭게 일하는 노동자가 기업들과 필요에 따라 계약을 맺고 일하는 프리랜서 등의 '긱 이코노미(gig economy)'를 활성화시키고 있다.

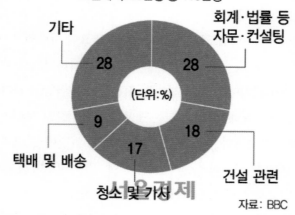

〈영국 내 긱 워커 현황〉

※전체 4,150만명 중 110만명

자료: BBC

자료 : http://www.sedaily.com/NewsView/1RVVOR3HOO/GF02

영국에서는 전체 4,150만 명 중 110만 명이 긱 워커로 일하고 있으며 이에 테리사 메이 영국총리는 노동세계가 변하고 있다는 것을 인지하고 있으며 이러한 벼화를 반영하는 적절한 구조를 갖추어야한다고 이야기했다. 일본 정부에서도 2018년 세제개편안에서 정규직 노동자들이 받는 급여소득공제를 줄이는 대신 모든 사람이 적용받을 수 있는 기초공제 액수를 높여 프리랜서들을 포용하는 세제와 노동법 마련에 나서고 있다.

공급자의 측면에서도 매력적인 부분이 많다. 우선 일하는 시간을 스스로 정할 수 있고, 공간의 제약도 받지 않는다. 자신이 이용하지 않는 때에만 '공유'를 허용하고, 내가 일할 수 있는 시간에만 노동을 공급하면 된다. 한 조직에 속하는 형태가 아니어서 동시다발적으로 여러 계약을 맺는 것도 가능하다. 그 때문에 육아와 일, 학업과 일을 병행하는 등 시간을 쪼개 일하는 사람들에게는 더없이 좋은 노동 형태다.

긱 이코노미는 남아도는 시간과 재화를 필요한 사람에게 연결해 서로에게 '윈윈'을 제공한다는 점에서 매우 합리적으로 보인다. 특히 조직에 얽매이는 것을 꺼리는 젊은층이 늘어남에 따라 자유롭게 시간을 선택해 일할 수 있는 구조가 자율적으로 보이기도 한다. 디지털 플랫폼이 발달해 일감과 노동의 연결이 그리 어렵지 않다는 전제에서다. 이러한 점들 때문에 긱 이코노미는 '독립형 일자리 경제'의 확산으로 여겨지기도 한다.

맥킨지는 2025년까지 긱 이코노미가 창출하는 부가가치가 전 세계 GDP의 2%(2조 7,000억 달러)에 달하고 약 5억 4,000만 명의 인구가 혜택을 입을 것으로 전망했다.

〈긱 이코노미에 따른 부가가치 창출 전망〉

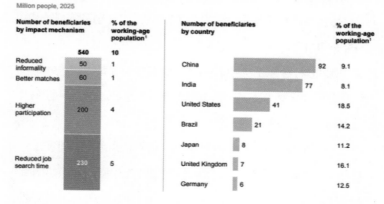

자료 : MGI Online Talent Platforms Model; McKinsey(2015), A labor market that works : connecting talent with opportunity in the digital age.

■맥킨지가 밝힌 긱 워크(Gig work) 판단 기준

최근 맥킨지 컨설팅의 연구보고서는 보다 명확한 Gig work의 정의를 내리고 있다. 맥킨지의 보고서에서는 Gig work를 독립노동(independent Work)라고 정의하는데, 이는 개인이 전통적인 장기적 고용주-피고용인 관계가 아닌 방법으로 수입을 창출할 수 있는 광의의 개념을 채택한 접근이다. 자영업, 개인 계약자, 프리랜서, 소규모 비즈니스 오너, 단기 계약 근로자, 임시직 등이 모두 이에 포함되는데, 구체적으로 맥킨지는 독립근로의 판단기준으로 세 가지 요소를 설명하고 있다.

첫 번째는 높은 자율성이다. 자율성은 독립노동의 가장 중요한 요소로 개인의 업무량과 업무 구성을 스스로 관리 통제함으로써 고용주에 의해 짜인 업무를 해야 하는 전통적인 근로자보다 매우 높은 수준의 유연성을 갖게 된다. 독립노동자들은 스스로 클라이언트가 요구하는 업무의 수행을 동의하거나 거절할 수 있다. 업무에 대한선택 사항을 경제적인 니즈나 개인적인 이유 또는 다른 요인에 따라서 바꿀 수도 있다. 물론 고객이나 클라이언트들이 요구하는 기한이나 기대치를 맞춰야 하기는 하지만 독립 근로자들은 스스로 업무를 하거나 하지 않기를 선택할 수 있다.

두 번째는 업무, 또는 판매량에 따른 임금 지급이다. 전통적인 고용관계에서 정해진 월급을 받기보다는 근로시간·계약·업무 자체에 따라서 그에 상응하는 급여를 지급 받는다. 치과의사가 치료한 환자 수만큼 급여를 받는다거나 프리랜서 작가는 업무 내용이나 업무시간에 따라서 급여를 받는다. 급여는 업무의 성과에 달려있다. 월급 근로자와는 달리 일한 시간만큼만 월급을 받는다. 따라서 독립근로자의 수입은 일정하지 않다.

세 번째는 단기계약이다. 독립근로자들은 주로 단기업무 위주의 계약을 하는 경우가 대부분이다. 근로자와 고객쌍방이 한시적인 계약관계를 맺는데, 많은 독립근로자들은 여러 고객과 계약을 맺는다. 물론 어떤 경우는 수개월 또는 수년을 계약할 수도 있다. 중요한 점은 서비스를 제공하는 각각의 시점이 다른 이벤트이며 그에 따라 각각의 급여를 받는다는 점이다.

자료 : HR Insight (2017.3)

디지털 노마드

긱 이코노미와 함께 긱 워커의 한 형태로 디지털 노마드 족이 나타났다. 마윈 알리바바 회장은 앞으로 30년 이내에 사람들은 일주일에 4일, 하루 4시간만 일하는 시대를 맞을 것이라고 했고 시간이 흐르며 사람들이 일보다는 삶에 눈을 돌리며 긱 워커의 삶을 선호하기 시작한 것이다. 기존의 일하는 방식에 의문을 제기하고, 원격 근무를 전면적으로 시행하는 디지털 노마디즘(Digital Nomadism)현상이 사회에 침투하고 있다.

디지털 노마드라는 용어를 처음 언급한 사람은 프랑스의 경제학자 자크 아탈리다. 그는 책 『21세기 사전(Dictionnaire du XXIe siècle)』을 통해 "사람들은 시간적, 공간적 제약으로부터 자유로울 수 있는 디지털 시스템 하에서 '정착'을 거부하고 '유목'으로 변모해 가며, 삶의 질을 극대화시키기 위하여 부유한 계급은 생산적인 곳을 선점하기 위해 유목의 길을 나설 것이고, 가난한 사람은 '살아남기 위해' 이동해야 하므로 결국은 누구나 유목민이 된다"며 디지털 노마드를 언급했다.

유목민을 뜻하는 노마드(Nomad)라는 단어는 언제부터인가 익숙한 용어가 됐다. 디지털 노마드는 이동하면서 일할 수 있도록 가볍고 높은 성능과 다양한 기능을 갖춘 소프트웨어로 무장하고 있다. 디지털 노마드는 발달된 디지털 기기와 통신수단을 바탕으로 시공간의 제약을 받지 않게 된 현대인의 특징을 가장 적나라하게 보여주는 단어로 자리잡았다.

책 리모트에서는 조직에 속한 디지털 노마드인 원격 근무자들이
누리는 새로운 관점의 사치를 '새로운 럭셔리'라는 용어로 설명한
다. 진정한 럭셔리는 지금 당장 누리는 '시간과 공간의 자유'라고
설명하고있다.

국가 차원에서도 사람들이 다양한 디바이스를 통해 장소에 관계
없이 업무를 수행하도록 장려하기 시작했다.

〈장소에 관계없이 업무를 수행하도록 장려하는 국가〉

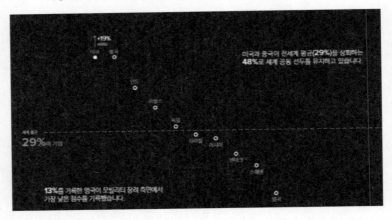

자료 : 폴리콤코리아(2015)

폴리콤코리아(2015)의 조사에 따르면 설문응답자의 95%가 밀
레니얼 세대에 일과 개인 생활의 균형이 중요하다고 하였으며,
69%가 업무와 관련된 스트레스 해소에 유연한 근무환경이 중요
하다고 했다. 또한 Y세대의 경우 직장에서 업무 유연성이 가장 중
요하다고 10명 중 9명이 대답하는 등 업무 공간의 자율화를 더욱

촉진하고 있음을 알 수 있었다. 미국 근로자의 90% 이상이 최소 일주일에 한 번 이상은 원격 근무를 하고 있으며,[46] 버진 미디어 비즈니스는 2022년에는 전 세계 사무실 직원들 중 60% 이상이 정기적으로 재택근무를 하게 될 것이라고 예측[47]하는 등 디지털 노마드는 증가할 것으로 예상된다.

코워킹 스페이스(Co-Working Space)

<전세계 코워킹스페이스 증가 추이>

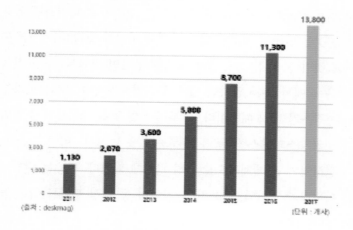

(출처 : deskmag)　　　　　　　　　　　　　　(단위 : 개사)

---

46) Mobility in Business Report, Citrix, October 2013
47) One In Five Americans Work From Home, Numbers Seen Rising Over 60%, Telework Research Network, February 2013

'코워킹 스페이스'라는 용어가 일반인에게 유행하기 시작한 것은 2005년경으로 직역을 하면 '협업 공간'이라는 의미다. 소프트웨어 프로그래머 브래드 노이버그는 혼자 일하는 과정에서 외로움에 한계를 느끼고 주변 지인들에게 함께 한 곳에 모여 일하는 공간을 만들자고 제안하여 사무실의 체계와 커뮤니티, 프리랜서의 자유와 독립성을 한꺼번에 누리기로 마음먹으면서 시작되었다. 이처럼 코워킹 스페이스란 기술의 발달로 자유로운 공간에서 일을 하게 되면서 더이상 사무실에 앉아 일을 하지 않아도 업무 진행이 가능하고, 창의적 발상을 이끌 수 있다는 요즘 현실과 함께 소통의 부재라는 장단점을 보완하기 위해 생겨난 공간이라고 할수있다. 긱 워커로 일하는 것은 업무공간의 제약이 없는 경우가 많지만 다양한 집단과의 교류, 인터넷과 사무용품, 커피 등의 공간과 네트워크에 대한 니즈는 존재한다. 코워킹 스페이스를 활용한다는 것은 단순히 책상을 빌리는 것이 아니라 소속감을 가질 수 있다는 것이 큰 장점이다. 많은 프리랜서, 1인 창업자, 독립 작업자 등은 집에서 혼자 일하면 쉽게 무기력해지거나 고립되었다고 느끼는 경우가 많기 때문이다. 이후 글로벌 공유오피스 기업 위워크가 코워킹스페이스를 '공유 사무공간'을 넘어서 '협업 공간'으로 발전시키며 전 세계적으로 널리 퍼지게 되었다. 현재는 엔지니어뿐 아니라 음악작업, 글쓰기, 디자이너 등 특정 분야를 위한 공간도 많이 생겨나고 있는 추세이다.

<코워킹카페 르호봇 G 캠퍼스>

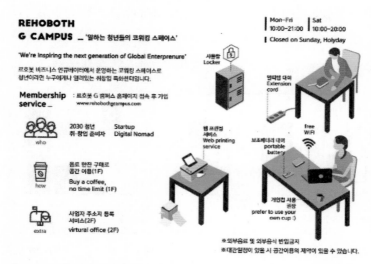

자료 : https://rehobothgcampus.com/brochure/guide/how-to-use/?lang=ko

긱 이코노미의 활용

　기존의 고용은 회사가 직접 직원을 채용해서 정식 계약을 맺고
보유된 노동력으로 고객들에게 제품이나 서비스를 제공하기 위해
직원을 활용하는 형태였다면, 긱 이코노미에서는 기업이 수요에
따라 초단기 계약형태로 공급자를 활용한다. 공급자는 누군가에
게 고용되어 있지 않고 필요할 때 원하는 시간에 원하는 만큼만

일시적으로 고용돼 고객이 원하는 노동을 통해 수입원을 창출한다. 우버가 전세계 110만 명 이상(2015년 말 기준)의 기사를 직접 고용하는 대신 '드라이브 파트너'로 계약, 독립 계약자(independent contractor) 형태로 서비스를 제공한 것과 같다.

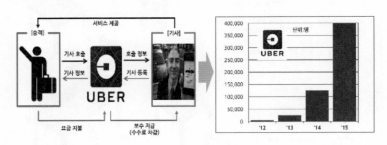

주 : '드라이브파트너'는 각년도 11월 기준 미국 내 활동(최소 4회 이상 운전) 드라이버 수
자료 : 월 스트리트 저널, 강서진(2016), 긱 이코노미(Gig Economy)의 이해와 향후 전망, KB금융지주 경영연구소

차량, 숙박 등에서 시작된 이러한 고용 형태는 배달, 청소 등 여러 단순노동 서비스로 확장되었으며, 최근에는 변호사, 컨설팅 등 전문인력이 참여하는 서비스로도 진화하고 있다. 가사노동(Handy), 식료품 배달(Instacart), 옷 세탁(Washio), 각종 심부름(TaskRabbit), 현장 방문 포장 및 배송(Shyp), 유명 레스토랑 음식 배달서비스(DoorDash) 등 생활 밀착형 서비스를 비교적 저렴한 가격에 이용이 가능하다.

법률적 조언이 필요한 사람과 변호사를 직접 연결해주는 퀵리걸(Quicklegal), 각종 컨설팅이 필요한 업체와 퇴직, 육아 등으로 풀타임으로 일할 수 없는 전문 컨설턴트를 파트타임으로 연결해주는

아월리너드(HourlyNerd)와 같은 전문직 연결 서비스도 등장하고 있다.[48]

① 전문직 연결 서비스 업체

HourlyNerd는 각종 컨설팅이 필요한 업체와 퇴직, 육아 등으로 풀타임으로 일할 수 없는 전문 컨설턴트를 파트타임으로 연결해 주며 약 2만5,000명의 독립 컨설턴트가 HourlyNerd에 등록되어 있다.

마켓 리서치, 창업 컨설팅, 자금조달, 사업 매각 등 다양한 분야에 대해 컨설팅을 받을 수 있다. 기업이 필요한 컨설팅 업무를 작성하면 시간당 75달러에서 200달러 사이의 컨설턴트들이 해당 업무에 투입되는 방식이다.

사용자는 컨설턴트들의 이력서를 확인하고 인터뷰, 채팅 등을 거쳐 직접 사용자가 선택하며, 만족할 때까지 보수를 지급하지 않기 때문에 원하는 성과를 거둘 때까지 컨설턴트를 활용할 수 있다.

② 온라인상에서 서비스를 사고 파는 온디맨드 업체

미국의 파이버(Fiverr)는 온라인상에서 서비스를 사고파는 온디맨드 업체이다. Fiverr는 작곡, 그래픽, 번역, 비디오편집, 디자인, 이력서, 첨삭, 웹 분석 등 원거리에서 할 수 있는 대부분의 업무를 제공한다.

서비스 공급자가 자신의 전문분야를 간단한 설명 및 과거작품을

---

48) 한국정보산업연합회(2017), 긱 이코노미 동향과 시사점

설명하는 유튜브에 사진 등과 함께 등록시키면 수요자가 요금을 지불하고 서비스를 신청하는 방식으로 운영된다. 가격은 최소 5달러에서부터 시작하며, 업무 난이도와 서비스에 따라 가격은 천차만별이다.

수요자는 업체에 맡기기에는 비싼 서비스를 모바일을 통해 저렴하고 간편하게 이용할 수 있다. 또한 공급자인 전공 학생이나 전문성을 가진 주부 등이 일을 할 수 있고 능력을 인정받으면 기업과 일할 수 있는 기회를 발굴할 수 있다.

③전문직 프로그래머 매칭 서비스 업체

앱 개발 등 다양한 개발 수요가 증가함에 따라 탑코더(Topcoder)와 같이 전문적으로 프로그래머를 매칭해주는 서비스 업체들도 등장했다. 앞서 언급한 Fiverr도 프로그래밍 서비스를 제공하지만, Topcoder는 프로그래밍에 특화된 업체로 현재 100만 명이 넘는 프로그래머들이 등록되어 있다.

UX 디자인, 앱 개발, 분석 알고리즘 개발 등 다양한 전문가를 활용해 자신이 원하는 프로그램을 개발하거나 테스트하는데 활용이 가능하다. 사용자가 원하는 프로젝트를 등재하면 다양한 경력과 배경을 가진 프로그래머들이 참여하는 방식으로 프로젝트가 정상적으로 종료되면 비용을 지불하면 된다.

자료 : Fiverr 홈페이지; Topcoder 홈페이지

④홈케어 서비스 업체

홈케어를 필요로 하는 시니어와 간병을 매칭해주는 서비스도 있다. 고령자와 간병인이 각자 모바일 앱 또는 PC에서 직접 자신의 프로필을 등록하면 홈케어 서비스 업체가 양측을 매칭하는 방식이다. 대표적인 홈케어 온디맨드 스타트업은 미국의 아너(Honor)가 있다.

Honor의 경우 거동이 불편한 고령층을 위한 비의료적(non-medical) 홈케어 서비스 제공을 목적으로 하고 있으며, 고령자의 약복용, 식사준비, 목욕, 신체활동, 식료품 쇼핑, 집정리, 병원 이동 등을 돕고, 단순 대화상대로도 이용이 가능하다.

간병인으로 활동하기 위해서는 온라인 시험, 신원조사, 대면면접, 각종 자격증 검증 등의 절차를 통과해야 하며, 등록 이후에도 고객 평점, 출퇴근 시간 정화도 등을 통해 지속적인 검증을 진행한다. 단순히 거리상으로 가까운 간병인을 추천해주는 것이 아니라 자체 개발 매칭 알고리즘을 통해 관심사가 비슷하거나 특정 질병을 간병한 경험이 많은 간병인을 매칭하고 있다.

자료 : Honor 홈페이지

⑤배달 서비스

온디맨드 배달 서비스는 긱 이코노미가 가장 쉽게 활용되는 서비스이다. 이를 통해 지금까지 배달 서비스를 제공하지 않던 음식, 슈퍼마켓 등의 음식, 물품을 모바일로 간단하게 주문할 수 있게 되었다.

가맹점은 자체적으로 배달원을 고용하거나 오토바이, 자동차를 구매할 필요가 없을 뿐 아니라 추가적인 매출기회를 확보할 수 있으며, 소비자는 집에서 즐길 수 없던 음식과 장보기를 소정의 비용만 지불하고 이용할 수 있는 장점이 있다.

서비스 제공 범위에 따라 차이는 있으나 주문 건당 수수료나 주문 가격에 따른 수수료 등이 수익 모델로, 주문 건당 2~5달러, 주문 가격의 10-12% 사이의 수수료가 있으며 일부 레스토랑의 고급 음식 배달 시에는 배달 기사 팁을 별도 부과하는 경우도 있다.

레스토랑 음식 배달의 경우 미국의 그럽허브(Grubhub), 도어대쉬(Doordash), 영국의 딜리버루(Deliveroo), 벨기에의 테이크 잇 이지(Take Eat Easy) 등이 대표적이다. 이 중에서도 Deliveroo와 Take Eat Easy는 런던과 벨기에의 교통 상황에 적합한 교통수단인 자전거를 활용하여 신속한 배달 서비스를 제공하고 있다. 특히 Deliveroo는 고급레스토랑 음식만 배달하는 서비스로 시작해 영국 및 홍콩, 싱가폴 등 유럽 외의 5개 국가로 사업을 확장했다.

또한 식료품 배달 서비스는 인스타카트(Instacart), 프레시 다이렉트(Fresh Direct) 등이 대표적이며, 온라인에서 자신이 선호하는 마트를 지정해 원하는 물품을 선택하면 지정한 시간에 물품이 도착하는 방식이다. 초기에는 신선식품 배달에서 시작됐으나 점차 대형마트의 일상용품 등을 배달하는 서비스로 확대되고 있다.

자료 : Stephen Rosenthal(2017), Deliveroo - The "Disruptor Disruptor" Ushering in "Digital Economy v3.0"; James Hurley(2017), Insurance offer sweetens gig for Deliveroo drivers, The Times UK

⑥차량 서비스 업체

우버와 같은 운송서비스 뿐 아니라, 차량 세차, 발렛, 주차장 대여 등 차량과 관련된 다양한 긱 이코노미를 제공하는 온디맨드 업체들도 등장해 왔다.

미국 샌프란시스코 기반의 발렛파킹 서비스 업체 럭스(Luxe)는 대도시내에서 주차공간을 찾는데 오랜 시간이 걸린다는 점에서 착안해 주차대행 서비스를 제공한다. 모바일 앱을 통해 차량을 두고 갈 장소를 선택하면 발렛 기사가 목적지에서 기다려 주차를 대행, 차량의 현 위치는 항상 지도에 표시가 되며 차량을 받기 원하는 위치와 시간을 지정하면 발렛 기사가 시간에 맞춰 차량을 대기하는 시스템이다. 요금은 발렛과 주차비용을 합해서 시간당 5달러 수준으로 샌프란시스코 시내치고는 저렴한 편에 속한다. 기사는 자신이 원하는 시간만큼 일하는 시간이 가능하고, 시내에서는 스쿠터, 오토바이, 스케이트보드 등을 이용해 직접 이동하는 방식이다. 이 때 차량을 픽업하는 발렛 기사와 반납하는 기사는 다를 수 있으며, 이 경우 수입을 2분의 1로 나눠서 정산한다.

또 다른 차량 서비스 업체 스피피(Spiffy)는 찾아가는 세차 서비스를 제공하고 있다. 모바일 앱을 통해 원하는 시간과 서비스를 선택하면 세차 전문가들이 방문해 차량을 세차하는 것이다. 이 서비스는 집이나 오피스에서 모두 이용이 가능하며, 물이나 세제의 흔적이 남지 않도록 차량 아래에 방수포를 설치하고 세차를 진행한다. 사용자는 차량의 세차 진행 상태를 모바일로 확인할 수 있다. 세차가 끝나면 사용자에게 알림을 전송하고 자동차 키를 반납하는데 가격은 세차 종류에 따라19달러에서 299달러로 다양하다.

자료 : LUXE 홈페이지

⑦가사노동/심부름 서비스 업체

집 안에서 발생하는 다양한 노동 수요를 처리할 뿐만 아니라 기업에서 돈을 주고 처리할 수 없는 단기 아르바이트 업무를 제공하는 업체도 있다.

미국의 가사노동 온디맨드 서비스 업체 핸디(Handy)는 홈 수리 및 청소 등의 프리랜서 전문가들을 연결해주는 서비스를 제공한다. 앱에서 주소와 서비스를 받고자하는 일자를 입력하고 예약하는 단순한 프로세스를 통해 이용이 가능하다. 집안청소에서 시작해 가구 조립, 벽면 페인팅, TV 설치, 이사, 변기 뚫기 등집안 수리로 서비스를 확장했으며, 집에 못을 박고 액자를 걸거나 커튼을 설치하는 등의 단순 업무 처리를 위해 사람을 부르는 것도 가능하

다. Handy는 약 1만 명 가량의 긱 이코노미 워커를 확보하고 매
달 10만건 가량의 예약건이 발생하며 그 중 80%가 재방문자로
나타나는 등 높은 만족도를 보이고 있다.

　Handy와 유사한 서비스를 제공하는 태스크래빗(TaskRabbit)의
경우 집안 수리 및 청소뿐만 아니라 아이폰 신제품이 나오는 날
애플스토어 앞에서 밤새워 기다려 아이폰을 구매 대행해주는 서
비스 등이 거래되는 등 다양한 심부름 업무도 제공한다. 컴퓨터
에러 복구, 쇼핑 대행, 신제품에 대한 사용자 테스트, 행정 업무
등, 기업들이 제공하지 않는 틈새 업무도 플랫폼에 등록하면 대규
모의 긱 이코노미 워커 DB를 이용해 처리가 가능하다.

　이외 잘리(Zaarly), 니드투닷컴(needto.com), 겟메이드(Getmaid),
메이드샙(maidsapp) 등 유사한 서비스를 제공하는 업체들도 다수
등장하는 등 시장이 빠르게 확장되고 있다.

자료 : Handy 홈페이지; TaskRabbit 홈페이지

업체	구분	내 용
Quicklegal	법무	법률적 조언이 필요한 사람과 변호사를 연결
HourlyNerd	컨설팅	1~2인 회사부터 대기업까지 17,000명의 각 분야의 독립 컨설턴트 를 연결하고 컨설팅 서비스 제공

Topcoder	프로그래밍	100만명이 넘는 프로그래머들이 등록되어 있으며, 앱 개발 등 다양한 개발 수요에 따른 프로그래머들을 매칭
Fiverr	전문가	음악, 그래픽, 번역, 비디오편집, 디자인, 이력서 첨삭, 웹 분석 등 각종 분야의 전문가 서비스 제공
Lyft	택시	우버와 유사한 카쉐어링 업체로 택시서비스 제공
InstaCart	장보기	코스트코, 홀푸드 등 마트에서 고객이 원하는 신선식품 등을 1시간 이내에 배달하는 쇼핑대행서비스 제공
Handy	가사노동	집안 청소부터 가구조립, 실내페인팅, TV설치, 에어컨설치, 전구교체 등 각종 가사노동 및 수리서비스 제공
TaskRabbit	심부름	지역 내 인력 매칭 플랫폼으로, 청소, 이사, 배달, 출시일에 매장 줄서 있기, 각종 수리 서비스 등을 제공
DoorDash	음식배달	자체 배달 서비스를 제공하지 않는 지역 내 유명 레스토랑 음식 을 집으로 배달해주는 서비스 제공
Luxe	발렛파킹	주차공간을 찾는데 오랜 시간이 걸린다는 점에 착안, 모바일 앱 을 통해 주차 대행서비스 제공

자료 : 한국정보산업연합회(2017), 긱 이코노미 동향과 시사점

　　최근에는 대기업들도 직접 이러한 긱 이코노미의 고용형태를 활용하거나, 스타트업과 제휴를 통해 관련 서비스를 제공하는 기업들도 등장하고 있다. 아마존(Amazon)은 총알배송 서비스 '프라임 나우'를 제공하면서 비용을 절감하기 위해 지난해 9월부터 개인 차량을 소유한 일반인을 배송 요원으로 활용하는 '아마존 플렉스(Amazon Flex)' 서비스를 개시하고 있다. 아마존 플렉스에 참여하는 운전자들은 시간당 18~25달러를 받으며 하루 12시간 이내에서 원하는 만큼 자유롭게 일하는 것이 가능하다.

　　미국의 세븐일레븐은 포스트메이츠(Postmates)와 제휴를 통해

인터넷 물품 구매 배송대행 서비스를 제공 중이며, 약국 체인 월그린(WallGreen)은 TaskRabbit과 제휴해 약 배달 서비스를 제공한다.

월마트는 우버·리프트 등 차량공유 서비스와 제휴해 고객들에게 식료품을 직접 배달하는 서비스를 덴버와 피닉스에서 시범 실시하기로 발표했으며, 코스트코는 Instacart와 제휴해 고객이 원하는 식료품을 배송해주는 서비스 제공한다.

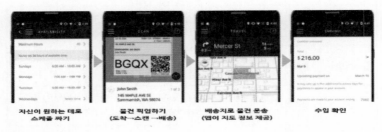

| 자신이 원하는 대로 스케줄 짜기 | 물건 픽업하기 (도착→스캔 →배송) | 배송지로 물건 운송 (앱이 지도 정보 제공) | 수입 확인 |

자료 : Amazon Flex

⑧교통수단의 온디맨드 서비스

우버와 같은 교통서비스 제공업체들이 빠르게 성장하면서 차량에 대한개념이 '소유'에서 '공유'로 변화함에 따라 완성차 업체들은 온디맨드 서비스 기업을 인수하거나 제휴를 통해 온디맨드 환경에 대비하고 있다.

메르세데스-벤츠의 모기업인 다임러는 2008년 'Car2go'를 설립해 세계 30개 도시에서 회원 100만 명을 모았으며, 2014년 차량공유 벤처기업 '라이드스카우트(RideScout)'와 '마이택시(mytaxi)'를 인수하는 등 차량공유 사업에 진출하였다.

2012년 'DriveNow'를 출시한 BMW는 유럽에서 회원 45만 명을 모집했으며, GM은 지난해 자사 차량을 이용한 차량공유 서비스 '메이븐(Maven)'을 선보였을 뿐 아니라 우버의 라이벌 '리프트(Lyft)'에도 5억 달러를 투자했다.

⑨제품을 공유하는 온디맨드 서비스

〈공유우산〉

자료 : www.google.co.kr

공유경제의 천국인 중국에서는 자전거, 보조배터리, 안마의자 등 다양한 공유가 일어나고 있다 .우산은 국내 · 외에서 많이 시도된 아이템이었지만 지속되는 분실로 인하여 실패한 아이템으로 알려지기도 하였다. 하지만 중국의 모브렐라(Mobrella)는 공유우산 서비스의 실패원인을 분석하여 16억 원의 투자를 받았다. 주요 전략은 우산을 분실했을 때 손실을 최소화 하는 것으로 우산의 단가를 낮추고 광고료를 받아 우산의 원가를 1,000원으로 낮추었을 뿐만 아니라 무료로 빌려주었다. 대신 이동경로를 빅데이터로 수집해 마케팅에 사용함으로서 수십 만 건의 광고를 추가 유치하기도 하였다.

그 외에도 정장을 빌려주는 열린옷장, 집에서 자리차지하고 있는 책을 빌려주는 국민도서관 책꽂이 등 소소한 제품을 공유해주는 사업이 나타나고 있다.

긱 이코노미의 명암과 과제

긱 이코노미는 특정 기술과 능력에 대한 수급 불균형을 완화해 일자리를 창출하고 근로시간의 유연성 확대로 비경제활동 인구의 노동시장 재진입 기회를 부여함으로써 긍정적인 효과를 가져올 것으로 전망된다. 원하는 시간에 가능한 시간만큼만 일할 수 있는 근로시간의 유연성은 전업주부나 은퇴자들의 노동시장 재진입 기회를 제공할 것으로 예상되며, 기존 일자리를 보유한 노동자들의 실제 노동 시간도 늘려 소득 증대 효과를 볼 수 있을 것으로 기대된다.

다양한 경험과 프로젝트 진행 경력을 중시하는 개발자 또는 디자이너와 같은 직종에서는 장기적으로 자신의 능력을 극대화하고 시간과 경력을 직접 구성할 수 있는 기회를 마음껏 활용하고자 자발적으로 프리랜서로 '긱'을 찾아다니는 경우도 있다.

자동화·기계화의 물결에 밀려난 노동자들에게 긱 이코노미는 새로운 고용 활동의 기회로 작용하며 이미 파트타임이나 아르바이트로 생활을 유지하는 '프리터'가 일반화된 일본에서는 '긱 이코노미'에 대해 높은 관심을 보이고 있다.

긍정적으로 보일 수 있지만 사실상 인건비와 복지비용을 줄이고자하는 기업의 입장이 반영되어있기 때문에 긱 이코노미가 주로 비정규직·임시직을 늘려 고용의 질을 떨어뜨리고 임금상승 둔화의 원인이라고 지적하는 견해도 존재한다. 긱 이코노미 종사자들은 플랫폼 업체들과 개별 계약을 맺기 때문에 노동법에 보장된 최저임금이나 건강보험 혜택 등을 받을 수 없다. 이들을 피고용인으로 볼 것인가 사업자로 볼 것인가에 대한 논란 존재하며 미국 우버 기사들은 2015년 의료보험 혜택 등 일반적인 노동기준을 적용받아야 한다며 연방법원에 집단소송을 제기하기도 하였다.

우버는 기사의 지위를 종전처럼 직원이 아닌 독립적인 계약자로 간주하기로 하고, 38만 5,000명에게 1억 달러를 지급 및 계약 해지 관행을 손질하기로 합의하였다. 이는 결국 고용자에 대한 지위 논란이 마무리 되지 않는 이상 불확실성을 떠안고 긱 이코노미 플랫폼을 영위할 수 밖에 없다는 것을 의미한다.

자료 : Polly Mosendz(2014), Uber Drivers Are Fighting for Better Treatment from the Company, The Atlantic; Rebecca Smith(2015), It won't kill Uber to treat drivers like employees, Fortune

우버 뿐만이 아니다. 미국 홈클리닝 서비스 업체 홈조이(Homejoy)는 계약 노동자를 정규직으로 전환하라는 소송이 발생하면서 수익성 하락 우려가 커졌고 추가 투자자 확보에 어려움을 겪으면서 폐업하는 상황까지 발생했다.

영국의 Deliveroo와 독일의 푸도라(Foodora)는 음식을 배달하는 자전거 기사는 각 사의 유니폼을 입고 회사에서 제공하는 음식박스를 사용하는 등 회사 소속 지원처럼 근무한다. 하지만 최소 임금 이하의 월급이나 주말 추가수당 미지급 등의 문제가 제기되는 등 비난을 받기도 했다.

식료품 배달 서비스 업체인 Instacart, 스마트 배송서비스 쉽(Shyp), 발렛파킹 업체인 Luxe의 경우에는 기존 계약자들을 자사 근로자로 전환시키는 결정을 내린 사례가 있다.

또한 선진국에서는 일자리가 늘고 실업률이 하락하고 있음에도 임금 상승이 크지 않은 원인으로 저임금 임시직 고용의 증가를 꼽았으며 임시직 고용 증가의 가장 큰 원인으로 '긱 이코노미'를 지목하기도 한다. 2009년 10%까지 치솟았던 미국 실업률은 4.9%까지 하락했지만, 시간당 평균 임금상승률은 2009년 2.5%에서 2016년 기준 1월 2.5%, 2월 2.2%로 정체 상태다. 이는 임금상승률과 실업률이 역의 상관관계를 가진다는 '필립스 곡선'에 반하는 내용으로 미국 샌프란시스코 연방법원도 필립스 곡선이 적용되지 않는 최근 경제 상황을 '임금 상승의 수수께끼(Wage growth conundrum)'라고 표현한다.[49]

---

49) 한국은행; IBK경제연구소; 한국정보산업연합회(2017), 긱 이코노미 동향과 시사점

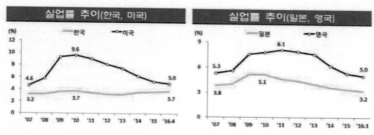

국내에도 다양한 업종의 온디맨드 서비스들이 등장하고 있는 가운데 어려운 경제환경과 실업문제에 대한 대안인 긱 이코노미 플랫폼을 활용하기 위해 개인의 노동 자율성과 고용 안정성 사이에 균형 있는 사회정책을 제고해야 한다.

'배달의 민족'부터 집 앞의 주차장을 빌려주는 '모두의 주차장', 자동차 정비 서비스 '카닥', 세차서비스 '인스타워시' 등 긱 이코노미를 활용한 온디맨드 업체들이 영업 중이다.

카카오가 제공하는 대리운전기사 서비스 '카카오드라이버'는 기존 대리운전업체와의 각종 소송전에 휘말리는 진통을 겪고 있으나 머지않아 대표적인 대리운전 서비스로 자리잡을 것이라는 전망이 지배적이다.

<国内 온디맨드 서비스 업체>

영역	주요 기업 서비스	영역	주요 기업 서비스
음식주문	배달의 민족, 요기요, 배달통	대리운전	카카오대리운전, 버튼대리, KITT
배달	부탁해, 푸드플라이, 명동 등	자동차정비	카닥, 카페인
택시	리모택시, 카카오택시 등	세차	인 스타워시
주차장	파크히어, 모두의 주차장	가사	홈스토리
주차대행	솔버, 주차해결사	세탁	크린바스켓

자료 : 한국정보산업연합회(2017), 긱 이코노미 동향과 시사점

　기업 입장에서 온디맨드 모델은 고용을 최소화하여 낮은 비용으로 서비스를 제공한다는 장점이 있지만 사회적으로는 비정규직 양산과 양극화를 일으킬 수 있다는 논란이 제기되는 만큼 기업의 사회적 역할과 새로운 사회적 정책 과제들에 대한 요구가 강조되고 있다. 국내 온디맨드 선도 업체들은 서비스 품질 및 기업 이미지 개선을 위해 자체적인 고용을 확대하고 처우 개선을 위한 노력을 확대하고 있다. '배달의 민족'은 자체 배달원인 '배민라이더스'에게 4대 보험을 제공하고 있으며 배달 서비스 '띵똥'은 주 60시간(국내 배달 종사자 평균 72시간)을 일하고 평균 시급은 최저임금 6,470원의 두 배가 넘는 1만 4,000원을 받는 등 근무환경을 개선하고 있다.

　하지만 온디맨드 서비스 업계의 전반적인 근무환경은 아직 열악한 수준으로 시장의 성장속도에 맞춰 개선되어야 할 부분이 많은 상황이다. 한국노동연구원에 따르면, 배달대행 배달원들은 월 평

균 229만 5,000원을 받고 있지만, 하루 평균 근무시간은 10시간을 초과하며, 84%가 본인이 주유비를 부담하고 있으며, 산재보험에 가입돼 있다고 응답한 경우가 38%에 불과하다.

온디맨드 서비스의 성장과 이에 따른 노동시장의 변화에 발맞춰 적합한 사회적 안전망 도입을 위한 논의를 시작할 단계이다. 영국에서는 노동당 노동 및 연금 위원회 위원장 프랭크 필드(Frank Field)가 긱 이코노미 근로자들의 최저임금 보장을 촉구하는 등 긱 워커를 위한 사회보장제도 도입 논의가 빠르게 확산되고 있다.

국내도 혜택을 받지 못하는 긱 이코노미의 근로자들에 대하여 고용보험, 최저 임금과 같은 혜택 제공과 함께, 투잡이나 부업에 관련된 세법, 노동법 등 전반적인 법 규정에 관한 사항에 대한 논의가 필요하며, 관련 논의가 근로자에 집중될 경우 온디맨드 서비스를 제공하는 기업의 수익성에 큰 부담을 안길 수 있으며, 가격 인상, 업체 도산 등으로 이어질 수 있으므로 온디맨드 경제 참여하는 이해관계자들의 의견을 수렴하는 과정이 우선되어야 한다.

긱 이코노미가 비정규직 및 임시직 증가로 고용의 질 저하 따른 사회적 경제적 불안 요소로 보일 수도 있지만 O2O, 온디맨드, 공유경제와 같은 새로운 유형의 온 · 오프라인 융합 서비스의 확대와 고용 없는 성장이 지속되는 현실에서 피할 수 없는 시대의 흐름이다. 긱 이코노미 일자리의 질적인 논란을 줄이기 위한 온디맨드 경제와 긱 이코노미의 결합에 대한 방향성 논의가 필요하며, 국내의 긱 이코노미 플랫폼의 성장을 위해 현재 정규직 위주의 국내 법제가 새로운 유형의 고용 형태까지 품을 수 있도록 바뀌어야 하며, 긱 이코노미 생태계 조성을 위해 사회보험 적용 확대와 가입 강화, 계약관계의 공정성, 소비자 보호 장치 등으로 긱 이코노미 플랫폼이 발전하는 과정에서 돌출될 문제에 대한 법규와 규제를 대처하는 방안에 대한 사회적 합의가 요구된다.

4장
디지털 혁신사례

원격 헬스 트레이닝으로 성공한 펠로톤

〈펠로톤〉

클럽과 같은 분위기에서 자전거를 타는 헬스클럽 '소울싸이클 (Soulcycle)'이 지금까지도 많은 사람들에게 인기를 끌고 있다. 그 러나 헬스클럽을 갈 수 없는 바쁜 직장인들에게는 그림의 떡이나 다름없다.

THE PELOTON BIKE

Live studio cycling, ready when you are.

자료 : https://www.onepeloton.com/

소울싸이클 회원이었던 미국 서점 반즈앤노블의 전자상거래 부문 사장 존 폴리 부부도 아이를 키우느라 헬스클럽을 더 이상 다닐 수 없게 됐다. 그러던 중에 "소울싸이클을 집에서도 탈 수 있다면 얼마나 좋을까?"하는 생각을 하게 됐고, 2012년에 '펠로톤(Peloton)'이라는 회사를 세워 새로운 헬스용 자전거를 출시했다.

존 폴리는 소울싸이클의 성공요인을 분석했다. 헬스용 자전거의 품질보다 자전거를 탈 수밖에 없도록 만든 분위기에 있었다. 즉, 흥겨운 음악과 강사들의 동기부여 그리고 회원들이 함께 운동하는 즐거움이었다.

그래서 펠로톤은 집에서도 자전거를 신나고 재미있게 탈 수 있도록 하기 위해 자전거 보다 더 중요한 콘텐츠가 필요했다. 이를 위해 펠로톤은 자전거에 22인치 고화질 태블릿을 부착했다. 즉, 자전거에 온라인 콘텐츠를 결합한 새로운 상품을 내놓은 것이다.

펠로톤 사용자는 집에서 온라인 동영상을 보며 집에서 운동한다. 집에서 온라인 강의를 듣는 것과 비슷하다. 태블릿을 켜면 하루에 총 14개의 수업을 시청할 수 있다. 강사들의 생생한 수업이 태블릿을 통해 생중계되는 것이다. 사용자는 원하는 수업 채널에 접속한 후 코치의 지도로 자전거를 타면 된다.

자전거는 분당 회전수, 속도, 거리 등의 데이터를 자동으로 수집해 펠로톤 서버로 실시간 전송한다. 이를 통해 강사는 사용자가 페달을 밟는 속도와 운동량을 실시간으로 확인해 접속한 사용자들을 일일히 지도할 수 있다.

수업시간을 놓치면 어떡하냐고? 걱정할 필요 없다. 모든 수업은 언제든지 다시 볼 수 있기 때문이다. 한 달에 39달러만 내면 총 4천개에 달하는 영상을 횟수에 상관없이 시청할 수 있다.

집에 기존 실내 자전거가 있다고? 이런 사용자는 스마트폰이나 태블릿에서 앱을 설치하고 월 이용료 12.99달러만 내면 펠로톤의 모든 수업을 무제한으로 시청할 수 있다.

펠로톤은 2014년부터 2년간 자전거 판매량이 6만대나 되고, 콘텐츠 구독자 수만 월평균 10만 명에 달한다. 창업 4년차인 2016년도 매출은 무려 1억7,000만 달러(약 1,900억 원), 기업 가치는 12억5,000만 달러(약 1조4,000억 원)나 된다.

소울싸이클이 헬스클럽의 개념을 재정의해 성공했다면, 펠로톤은 집을 헬스클럽처럼 만들어 성공했다. 서울싸이클은 운동할 시간을 뺏는 넷플릭스와 지금도 경쟁하고 있지만, 펠로톤은 아예 넷플릭스처럼 되어 버렸다.

스마트 농업 이끄는 데이터봇

　인도네시아 빅데이터 분석 스타트업인 데이터봇(Dattabot)은 GE디지털과 협력해 스마트 농업 솔루션인 'HARA'를 개발했다.

　HARA는 위성 사진 및 센서를 이용한 현장작업으로 농지를 정확히 측량해 디지털화를 수행하고, 이 정보를 기반으로 필요한 종자, 비료, 살충제, 노동력을 정확이 산출한다. 또 토질 분석으로 어떠한 작물의 재배가 적합한지를 파악하고 토지 관리를 과학적으로 수행한다. 그리고 농작물의 상태와 작황을 측정해 병충해의 발생 여부를 예측 및 파악한다.

　HARA의 도입 결과 산출량 60% 증가, 노동력 및 비료 50% 감소, 작품 재배 실패율 25% 감소 등의 성과를 냈다는 케이스가 있다.

자료 : 성낙중(2017), 빅데이터, 4차산업시대 농업발전 핵심요소, 농업인신문

축산업으로 이동한 사물인터넷, 라이브케어

라이브케어는 국내 회사가 개발한 디지털 방식의 소 사육 서비스이다. 바이오 캡슐을 소에게 투입한 뒤 스마트폰으로 소의 체온, 위 산도, 움직임 등 건강을 실시간으로 확인한다. 이를테면 송아지가 건초를 잘못 먹어 급체를 해 생명에 지장을 줄 수 있는데 라이브케어 서비스를 이용하면 급체에 걸리기 전에 미리 이상 증세를 발견할 수 있고, 새끼를 낳을 때에도 몸 상태에 따라 즉각 대처할 수 있어 사망률을 낮출 수 있다.

이 회사는 이 서비스로 이미 매출 100억대를 돌파했다. 국내를 넘어 브라질, 중국 등 세계 축산업의 중심 시장을 노리고 있다. 축우수는 우리나라 310만 두, 중국 1억 두, 브라질 2억 두이다.

SK텔레콤과 바이오벤처기업 유라이크코리아는 IoT전용망 '로라(LoRa)'를 활용해 소의 이력을 관리하고 질병, 임신 등 소의 신체 변화를 모니터링 하는 '라이브케어(Live Care)' 서비스를 공동 추진하기로 했다고 밝혔다.[50]

라이브케어 서비스란 소의 첫번째 위(반추위)에 로라 통신 모듈을 탑재한 바이오캡슐을 투입, 소의 체온과 산도(pH) 등을 상시 모니터링하여 소의 질병 징후와 발정 탐지, 수정 적기 예측, 분만 징후 파악, 물 마심 횟수 제공하는 서비스다.

이번에 출시된 바이오캡슐은 목걸이형 · 귀걸이형 등 소의 체외

---

50) http://www.zdnet.co.kr/news/news_view.asp?artice_id=20170710084652

부착형 제품의 단점을 보완한 것으로, 소의 체내에 사탕수수 및 옥수수 재질로 제작한 친환경 바이오캡슐을 삽입함으로써 파손이나 외부 온도에 영향을 받지 않고 체온 변화를 통한 질병·발정·임신 등의 징후를 정확히 파악할 수 있는 장점이 있다.

또, 바이오 캡슐에 로라 네트워크 모듈을 탑재해 측정 데이터 전송을 위해 축사 내 별도의 통신 네트워크 구축을 해야 하는 기존 체내 삽입형 제품의 단점을 보완 했다. SK텔레콤은 라이브케어의 안정적인 서비스 제공을 위해 바이오 캡슐을 사용하는 모든 농가에 로라 기지국을 무상 설치할 계획이다

바이오캡슐의 가격은 개당 15만 원, 이용료는 한우 월 2,000원 / 젖소 월 3,000원이며, 저전력으로 작동하는 로라 기술을 적용해 한번 구입 시 최대 7년까지 작동할 수 있게 개발됐다.

바이오캡슐을 통해 측정된 소의 체온 및 산도(pH) 정보는 로라 기지국을 통해 서버로 전송되어 특정 패턴에 대한 분석 후 이상징후 감지 시 농장주의 스마트폰이나 PC로 알림을 발송한다.

또한 농장주는 스마트폰 앱과 PC를 통해 해당 농장에서 사육하는 소의 개체별로 측정된 질병 유무 및 번식 일정 등의 데이터 결과를 그래프로 확인할 수 있고, 체계적인 축산을 위한 영농일지 작성도 가능하다.

SK텔레콤과 유라이크코리아는 로라 기반 '라이브 캐어' 서비스의 확대를 위해 빅데이터 기반의 '라이브케어' 서비스 고도화 및 제품 소형화, 글로벌 사업 공동 추진 등을 협력하기로 했다.

양사는 7월부터 바이오캡슐을 전국적으로 보급한다는 계획이

다.

이를 통해 통해 소의 체내 데이터는 물론 축사를 관리하는 농장 주들의 경험 데이터도 함께 축적하고 이에 빅데이터 분석 및 인공 지능 등의 기술을 접목해 패턴에 따른 질병의 종류를 정확히 판단하고 사전에 감지하는 서비스로 고도화 할 예정이다.

또한 국민의 안전 먹거리를 제공한다는 사회적 가치 기여를 위해 송아지와 돼지 등 관리 대상 가축 확대를 위한 소형 바이오캡슐 및 패치타입 제품도 공동 개발하며, 전국적으로 투여된 바이오캡슐의 상태를 한눈에 모니터링 할 수 있는 관제 시스템과 특정 지역에 가축 체온 상승 등 이상 징후가 발생시 가축 전염병 예방을 위한 단체 알람 송출 시스템도 구축할 예정이다.

SK텔레콤과 유라이크코리아는 축사뿐만 아니라 도축장, 축산 차량 등에도 로라 기지국을 설치해 가축의 사육부터 도축까지 전 과정의 이력관리를 할 수 있는 시스템 구축도 추진하며, 향후 국내의 경험과 실적을 기반으로 중국 · 미국 · 호주 · 브라질 등 소를 많이 사육하는 나라를 대상으로 IoT 망과 함께 토탈 솔루션으로 진출한다는 계획이다.

차인혁 SK텔레콤 IoT사업부문장은 "이번 서비스 출시는 SK텔레콤이 구축한 IoT 전용망 로라가 가축관리에 활용되는 첫 사례로 축산 농가들에게는 실질적인 가치를 제공하는 것 뿐만 아니라, 나아가 안전한 먹거리 창출에 기여함으로써 국민들에게 사회적 가치를 제공하는 좋은 사례가 될 것으로 기대한다"고 밝혔다.

김희진 유라이크코리아 대표는 "라이브케어 서비스를 위해 여러가지 통신 방식을 고민했으나, 저전력, 높은 신뢰성 등에서 로라가 가장 적합한 통신 방식이었으며 이번 로라 바이오캡슐을 개발하는데 있어 SK텔레콤의 로라 모듈 무상 제공, IoT 오픈 하우스를 통한 기술지원이 큰 힘이 되었다"라고 밝히면서 "양사간 지속적인 협력을 통해 앞으로 국내뿐만 아니라 전세계 축산농가를 대상으로 서비스를 제공하겠다"고 포부를 밝혔다.

DHL코리아, 맞춤형 배송 서비스 '온 디맨드 딜리버리' 실시

자료 : DHL 홈페이지 언론보도 자료

세계적인 국제특송기업 DHL코리아가 수취인이 배송 일정과 장소를 직접 선택할 수 있는 맞춤형 배송 서비스 '온 디맨드 딜리버리(On Demand Delivery, 이하 ODD)' 서비스를 실시한다.

ODD서비스는 해외직구물량 증가에 따라 늘어난 개인 고객의 배송 편의 향상을 위해 개발된 B2C 솔루션으로, 국내 글로벌 국제특송업계에서는 DHL 코리아가 처음 선보이는 서비스다.

발송인은 물품을 발송할 때 ODD 서비스를 무료로 신청할 수 있으며, 이에 수취인은 이메일 또는 문자로 실시간 배송 정보를 제공받을 수 있다.

이후 수취인은 함께 제공되는 모바일 링크에 접속해 여섯 가지 배송 옵션 △배송일정변경 △배송주소변경 △수령확인서명릴리스 △이웃에게 맡기기 △DHL 서비스포인트 또는 DHL 무인보관함에서 수령 △장기부재중배송보류 을 편의에 따라 선택 및 조정할 수 있다.

또한 DHL 코리아는 ODD 서비스 편의 극대화를 위해 DHL 무인보관함을 도입한다. DHL 무인보관함은 현재 DHL 서초 서비스센터에서 시범 운영 중이며, 소비자 편의를 고려해 서울 시내 주요 접점에 올해 안으로 추가 4대를 도입할 예정이다.

한병구 DHL 코리아 대표는 "국내 소비자의 해외 직구 이용건이 4년 만에 1000만 건이 늘어나는 등 해외 B2C 거래가 큰 폭으로 증가하고 있는 현 상황에서, 소비자들의 라스트마일 딜리버리 만족도를 증대시킬 수 있는 플랫폼이 필요하다"면서 "DHL의 ODD 서비스는 발송인과 수취인 모두에게 편리하고 효율적인 배송경험을 제공할 수 있을 것으로 기대된다"고 말했다.

한편 DHL의 ODD 서비스는 현재 미국, 중국, 일본, 홍콩, 영국 등 전 세계 100여 개 국에서 45개 언어로 서비스 되고 있다.

내 손 안의 '맞춤형 서비스' 시대가 온다

배달 음식 검색 및 주문 서비스 '배달의 민족', 부동산 매물 및 실사 정보 서비스 '직방', 숙박 정보 제공 및 예약 서비스 '야놀자', 택시 호출 앱 '카카오택시'. 이제는 제법 많은 사람들에게 익숙한 'O2O(online to offline)' 서비스들이다. O2O란, 사용자가 모바일 및 온라인으로 상품이나 서비스를 주문하면 오프라인으로 제공하는 서비스를 일컫는다.

자료 : 카카오T 앱 다운로드 화면

국내 소비자들이 가장 손쉽게 체감할 수 있는 온디맨드 서비스는 '카카오택시'다. 카카오택시는 현재 사용자가 있는 곳으로 택시를 즉시 호출할 수 있는 서비스다.

카카오택시는 출시 1달 반 만에 누적 호출 수 100만 건을 기록하며 급속도로 성장했다. 최근에는 카카오택시에서 더 나아가 이동수단의 모든 것을 의미하는 '카카오 T' 서비스를 제공하면서, 택시, 대리운전, 주차, 내비 서비스까지 하나의 앱 안에서 제공하고 있다.

온디맨드 서비스는 택시 등 이동수단뿐만 아니라 청소, 심부름, 교육, 의료, 금융, 여행 등 다방면으로 확산되고 있다.

예를 들면 언제 어디서나 심부름을 시킬 수 있는 '띵동' 서비스가 있다.

띵동은 장보기 대행, 민원서류 대행, 가사일 대행, 선물 배달, 홈케어 서비스 등을 실시간으로 제공한다. 사용자는 모바일 앱을 통해 주문만 하면 된다.

명함 관리 앱 '리멤버'는 사용자가 명함을 촬영하면 수기 입력 서비스를 제공한다.

명함이 많아서 촬영이 번거로울 경우 택배로 발송하면, 리멤버 측에서 명함을 직접 입력해 준다. 회원 간 명함 정보를 자동으로 업데이트 해주는 것도 특징이다.

자료 : 띵동 앱 다운로드 화면

　자신에게 잘 맞는 금융 상품을 선택하는 과정을 도와주는 '핀
다' 서비스도 있다. 핀다는 사용자가 10여 가지의 문항에 응답하
면, 시중 은행들의 금융 상품 중에서 개인에게 가장 잘 맞는 상품
을 즉시 추천해 준다. 빅데이터와 매칭 알고리즘을 기반으로 사용
자의 과거, 현재, 미래의 상황을 고려해 최적의 금융 상품을 찾아
주는 것이 특징이다.

　이 외에도 세탁물을 수거 및 배달해주는 '크린바스켓', 사용자
가 원하는 청소 서비스를 원하는 시기에 제공하는 '홈클'이 있다.
교육용 SNS 플랫폼 클래스팅은 학생들의 연령, 학교, 지역, 개인
성향 등을 분석해 하루에 3장씩 카드뉴스 형식의 교육 콘텐츠를
노출, 제공하는 '러닝카드' 서비스를 발표하기도 했다.

　이러한 온디맨드 서비스는 기존의 O2O에 큐레이션 개념을 적
용했다고 볼 수 있다. O2O 기업들이 그간 모은 빅데이터를 활용

해, 사용자 개개인에게 좀 더 맞춤화된 서비스를 제공한다는 측면
도 있다. 온디맨드 서비스는 사용자의 실생활에 밀접한 연관이 있
는 만큼, 다양한 분야에서 큰 영향을 끼칠 것으로 예상된다. 향후
온디맨드 사업 모델이 소비자와 기업 모두가 만족하는 방향으로
발전하기를 기대해 본다.[51]

■터치 한 번으로 세탁 걱정 끝. 세탁 앱 '크린바스켓' 김우진 대표

크린바스켓의 김우진 대표는 일상에서 꼭 필요하지만 그동안 변화
가 없었던 것, 변화를 주어 더 편리하게 사용할 수 있는 것을 떠올렸
다. 다양한 아이템을 고민하다 장기간 정체된 국내 세탁시장을 주목
했다. 세탁과 앱을 통한 주문 결제로 생활의 불편을 개선할 수 있는
O2O 서비스의 편리함을 접목해 2014년 9월 크린바스켓을 창업했
다.

"세탁은 귀찮거나 하기 싫을 때가 많죠. 세탁을 좀 더 편하고 즐겁게
할 수 있도록 하는 게 목표였어요. 세탁이라는 오래된 시장을 새롭
고 편리하게 만들고 싶다는 생각이 들었어요."

크린바스켓의 특징은 O2O 서비스가 가진 한계를 극복하기 위해 세
탁 시 주의해야 할 사항을 세분화했다. 셔츠의 목깃, 팔소매, 앞, 뒤
등 얼룩을 표시할 수 있는 셔츠 모양의 태그, 땀 제거 가공 표시, 바
지 주름의 유무, 풀 먹임 유무, 행거 포장, 압축 포장, 주의할 세탁
사항 등 태그를 각 세탁물에 부착해 꼼꼼히 체크한다. "초창기에는
고객의 요구 사항이 잘 전달되지 않았어요. 고객의 불편 사항과 요

---

51) 아이티동아(2016), 내 손 안의 '맞춤형 서비스' 시대가 온다. 온디맨드, 아이티동아

청 사항을 세분화해 만드니 재수거율도 줄고 꼼꼼한 서비스를 만족
해하며 재이용률이 60%로 늘었습니다."

서비스 이용 방법은 간단하다. 크린바스켓 앱에서 원하는 수거 · 배
달 시간을 선택하고, 세탁 품목과 수량을 체크하면 된다. 가격은 정
장 한 벌 6,000원, 와이셔츠 2,000원 등 정찰제로 운영돼 부담 없는
가격과 편리함으로 1인 가구, 맞벌이 부부, 주부들에게 인기다. 배
달은 수거 시간 기준으로 48시간 내에 이뤄진다. 두꺼운 코트, 얼룩
진 옷 등 특수 관리가 필요한 것은 시간이 조금 더 소요되기도 한다.
수거부터 배달까지 실시간 추적관리 시스템을 갖추고 있어 세탁물
을 안전하게 보호할 수 있다. 크린바스켓 서비스는 서울 강남구, 서
초구, 마포구, 동작구, 용산구, 관악구, 성동구, 영등포구, 중구, 경
기도 분당, 판교 지역에서 이용할 수 있고, 점차 지역을 확대해 가고
있다. 크린바스켓은 2만5,000건의 다운로드 수를 기록하며 꾸준히
이용자 수가 늘고 있다.

자료 : http://topclass.chosun.com

5장
휴머노믹스 액션플랜

청년이 원하는 신의 직장이 되라

대기업 제조 업체들은 외형 성장을 위해 수조 원대의 설비 투자를 감행할 수 있지만 중소기업들은 오직 인재들의 머리에서 나오는 혁신으로 승부를 걸어야 한다. 특히 스타트업에 있어서 인재 확보가 곧 미래 투자인 셈이다.

우리나라 근로자들의 2015년 기준 평균 연간 근로시간은 경제협력개발기구(OECD) 통계에 따르면 2,113시간으로 멕시코(2,246

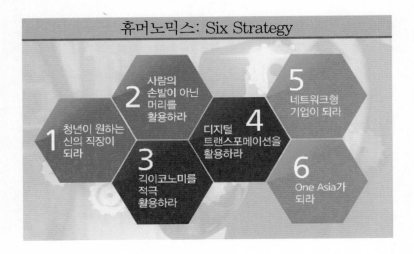

휴머노믹스: Six Strategy

1 청년이 원하는 신의 직장이 되라
2 사람의 손발이 아닌 머리를 활용하라
3 긱이코노미를 적극 활용하라
4 디지털 트랜스포메이션을 활용하라
5 네트워크형 기업이 되라
6 One Asia가 되라

시간), 코스타리카(2,230시간)에 이어 세 번째로 높다. 대부분의 중소기업들이 인력난에 허덕이고 구인난을 경영의 가장 큰 애로사항으로 꼽는다. 하지만 직원들에게 뛰어난 근무환경을 제공하고 있는 이른바 '신의 직장'들은 입사지원자가 넘쳐난다.

물론 회사 사정에 맞지 않게 무리한 복지제도를 도입하게 되면 회사 자체가 휘청거릴 수도 있다. 한 예로, 디자인 및 핸드폰 케이스 전문회사였던 에이스 그룹은 2016년 1월부터 주 4일 근무제도를 도입했다. 하지만 이 전부터 회사가 탄탄한 상황이 아니어서 에이스그룹은 주4일 근무를 도입한지 9개월여 만에 파산선고를 받았다.

무리하게 퍼주기 식이 아니라 동고동락을 같이하는 회사와 직원들인 만큼 잘됐을 때는 그만큼의 공을 직원들에게 돌리는 게 장기적인 안목으로 봤을 때 회사입장에서도 더 유리하다는 것이다.

회사가 나의 편의를 봐주고 나를 먼저 생각해주면 그 누구도 나를 위해주는 회사에서 계속 일하고 싶어서라도 자신의 한 몸 바치게 되는 것이 인지상정이다. 조금 퍼주고 더 많이 얻는다면 그것이야말로 진정한 투자가 아닐까.

먼 옛날부터 성공한 사람들은 인재를 알아보고 대우해주고 적재적소에 잘 활용했다. 세종대왕 역시 천민인 장영실을 그의 신분이 아닌 재능으로 평가해 그에게 전폭적인 지원을 해줘서 우리나라 역사에 한 획을 그은 수많은 발명품이 그에 의해 탄생할 수 있게 된 것이다. 이는 그 무엇보다 사람중심의 경영이 중요하다는 걸 보여준다.

손 · 발이 아닌 머리를 활용해라

글로벌 전략 컨설팅 펌은 회사 로고로 '진북'을 사용한다. 북쪽이라고 할 때에는 보통 '진북'(True North)과 '자북'(Magnetic North)이 있다.

진북은 지구 자전축의 중심선이 되는 북쪽 지점이고, 자북은 자석이 가리키는 북쪽 방향의 끝으로 자기장의 영향 때문에 진북과는 다른 곳에 위치하고 있다.

<진북을 뜻하는 글로벌 전략 컨설팅 펌의 회사로고>

자료 : Bain & Company 홈페이지

  회사 로고로 진북을 사용하는 이유는 "모두가 자북을 가리켜도 우리는 홀로 진북을 가리킬 수 있는 용기가 필요하다"는 것을 강조하기 위해서다. 다시 말해 종업원은 '경영자가 듣고 싶어 하는 말이 아니라 경영자에게 필요한 말을 해야 한다'는 의미다. 사자성어로 풀면 '지록위마'하지 말자는 얘기다. 이는 경영자의 손발이 아니라 경영자의 브레인이 되라는 것이다.

  이를 종업원 측면에서 살펴보면 경영자는 종업원의 생각과 행동을 바꿔야 한다. 전략다운 전략을 수립하기 위해서는 최소한 2개월의 기간은 필요한데 보통 달랑 일주일만 주고 전략을 수립하라고 경우가 있다.

  이 경우 기본적인 시장조사를 할 시간조차 없다. 그러다 보니 예전 보고서를 짜집기하는 경우가 많다. 이러한 경우는 내용은 없고 예쁘기만 한 보고서를 만든 것이다. 이는 종업원의 머리를 활용하는 것이 아니라 손발을 활용하는 것이다. 경영자는 종업원의 '손발'이 아닌 '브레인'으로서 조직의 니즈에 맞춰서 필요한 제안이 나오도록 노력을 해야 할 것이다.

긱 이코노미를 적극 활용해라

1997년 한 달 매출이 1조5,000억 원이었다. 20년 후인 2017년 1개월 영업이익이 4조5,000억 원으로 불어났다. 같은 기간 매출 3배 증가도 쉽지 않은데 매출 3배에 이르는 영업이익을 거두게 된 변화는 기적에 가깝다. 이 수치가 삼성전자의 과거와 현재 모습이다.

1990년대 변두리 골목대장에 불과했던 삼성전자가 오늘날 글로벌 초일류로 부상한 분기점은 1993년 신경영이었다. 신경영의 출발점은 6월 6일 이건희 삼성전자 회장의 프랑크푸르트 출장 당시 가방에 담겨 있던 소위 '후쿠다 보고서'였다. 일본 교세라 출신인 후쿠다 다미오 고문이 지적한 문제점과 개선 방안은 삼성은 물론 우리나라 대기업이 후일 글로벌 기업으로 도약하는 기폭제였다고 평가해도 과언이 아니다.

타임머신을 타고 1993년으로 돌아간다면 누구나 후쿠다 고문 같은 인재를 천금을 주고서라도 모시고 싶을 것이다. 그러나 탁월한 인재와 아이디어는 눈에 쉽게 보이지도 않거니와 설사 찾았다고 하더라도 활용할 여건을 만들기 어렵다.

하지만 디지털 플랫폼을 통해 글로벌 차원에서 후쿠다 고문 같은 우수한 인재와 아이디어를 신속하게 찾아 저렴한 비용으로 필요한 만큼 활용할 수 있는 '긱 이코노미(Gig Economy)'의 기회가 열리고 있다.

긱 이코노미는 인재뿐 아니라 아이디어 외부 조달 게이트웨이 역할도 한다. 항공기 엔진을 제작하는 GE는 부품을 고정하는 조임쇠 무게를 줄이기 위한 내부 연구를 진행했지만 결과가 만족스럽지 않았다. 2013년 6월 홈페이지에 3D 프린팅을 이용해 조임쇠 경량화 디자인 과제를 공지하고 포상금을 내걸었다.

수 주일이 지나면서 전 세계에서 기업, 개인, 연구자, 디자이너들이 697건의 대안을 제시했다. 최종 심사에 오른 10명 중 미국인이나 항공 엔지니어는 없었고, 최우수 상금 7,000달러는 조임쇠 무게 2㎏을 327g으로 줄인 인도네시아의 21세 엔지니어에게 돌아갔다.

디지털 시대를 맞아 중소기업은 사업 모델 혁신, 벤처스타트업은 다양한 플랫폼을 활용해 글로벌 사업을 전개하는 마이크로 글로벌 기업으로 성장하는 과제가 놓였다. 중소벤처 기업은 물적 자원과 인적 자원 부족이라는 내부적 제약 조건을 외부적 기회 요인인 긱 이코노미를 활용해 극복할 수 있는 가능성이 커지고 있는 변화에 주목해야 한다.

■ '재능공유마켓이 뜬다', 디지털시대 신개념 긱 이코노미 열풍

외국의 경우 초기에는 플랫폼을 활용해 심부름 또는 단순작업의 임시적 일자리를 매칭시키는 방식으로 시작한 긱 이코노미가 인공지능 연구자, 빅데이터 분석가 등과 같은 고급 기술 분야로 확장되고 있다.

이러한 글로벌 추세에 맞춰 우리나라에서도 크몽, 리브릿지, 숨고, 오투잡 등과 같은 다양한 재능공유마켓 플랫폼들이 생겨나고 있다. 재능공유마켓의 선두주자인 2011년 설립된 '크몽'은 국내를 대표하는 재능공유마켓 업체로 디자인, 프로그래밍, 컨텐츠 제작 등의 서비스 일 거래량이 1억 원에 달한다. 인터넷 데이터 분석 서비스 랭키닷컴 선정 B2B 중개사이트 1위로 선정된 바 있다. 오픈 초기에는 경력 단절자나 알바개념의 소액 및 부업 거래 중개 위주였으나, 현재는 플랫폼 안에서 다양한 창업으로까지 이어지며 아마추어 개념에서 벗어나 비즈니스 거래 플랫폼으로 성장했다. 또한 레슨 카테고리를 오픈하고 서비스 영역을 C2C까지 확장하고 있다.

2017년 11월 오픈한 소상공인을 위한 글로벌 재능공유플랫폼 '리브릿지'는 사람과 재능을 이어주는 작은 가교(Little Bridge)의 줄임말이다. 이름에서도 알 수 있듯이 소상공인들이 쉽고 저렴하게 전문가의 도움을 받을 수 있는 재능공유플랫폼이다. 명함제작부터 디자인, 프로그래밍, 비즈니스, 마케팅, 번역, 법률컨설팅 등 8개 분야 전문가 서비스를 제공하고 있다. 특히 판매자(Provider)가 자신의 재능을 판매하기 위해 서비스를 등록하는데 별도의 비용 부담 없이, 자유로이 등록할 수 있다는 편의성이 있다. 꼭 특별한 재능이 아니더라도

자신이 가진 경험이나 특기를 서비스 등록할 수 있다. 실제 리브릿지에서는 나만의 개성 있는 여행 계획 짜주기, 게임 강의, 베란다 정원 꾸미기, 주한 외국인의 다양한 노하우 제공 등 다양한 이색 재능을 판매 중이다. 또한 리브릿지는 미국, 독일, 호주, 필리핀, 미얀마 등 6개국, 8개 도시 현지 한인상인협회와도 전략적 파트너쉽을 체결할 계획이다.

지역 기반 서비스 마켓플레이스 '숨고'는 '숨은 고수'의 줄임말이다. 재능과 기술을 가진 소상공인과 프리랜서, 그리고 그들의 서비스를 필요로 하는 소비자를 연결해주는 O2O(online to offline) 오픈마켓 플랫폼이다. 숨고 사이트에서 원하는 분야와 시간, 장소 등 조건을 입력하면 의뢰 조건에 적합한 해당 고수(전문가)들이 각자 견적을 보내와 선택할 수 있는 방식이다. 소비자는 회당 5개의 견적을 받아 볼 수 있어 여러 전문가의 서비스 내용과 가격을 비교할 수 있고 전문가는 본인의 상황에 맞는 서비스와 가격을 제안할 수 있다는 게 가장 큰 차별성이다.

내가 가진 재능이 직업이 되는 재능마켓 '오투잡'은 그림, 글쓰기, 마케팅 등 자신이 보유한 재능을 원하는 사람들과 일대일로 연결해 줘 지속적으로 일에 대한 의뢰를 받을 수 있는 플랫폼이다. 오투잡에 접속해서 판매자로 등록하면 구매자가 필요한 재능을 검색해서 이용할 수 있다. 여기에 구매자가 필요한 재능을 직접 의뢰하는 오더잡 서비스를 통해서도 간편하게 일을 구할 수 있는 것도 특징이다.

자료 : 한국경제 http://news.hankyung.com/article/201801183328a

디지털 트랜스포메이션을 활용해라

재규어 랜드로버의 1997년 한 달 매출은 1조5,000억 원이었다. 20년 후인 2017년 1개월 영업이익이 4조5,000억 원으로 불어났다. 같은 기간 매출 3배 증가도 쉽지 않은데 매출 3배에 이르는 영업이익을 달성했다.

재규어 랜드로버는 2008년 인도의 타타그룹에 인수된 이래 비즈니스 민첩성을 높이기 위한 디지털 트랜스포메이션에 속도를 냈다.

재규어 랜드로버의 목표는 클라우드 기술을 완전히 내재화하는 것이었다. 이러한 노력으로 재규어 랜드로버는 혁신적인 신제품 및 서비스를 개발할 수 있는 역량을 구축할 수 있었고, 그 결과로 탄생한 것이 '버추얼 윈드스크린(Virtual Windscreen)'이었다.

증강현실(AR) 기술을 활용한 버추얼 윈드스크린은 운전자가 뒤를 돌아보기 위해 머리를 돌렸을 때 차의 측면을 완전히 투명하게 만든다.

그리고 윈드스크린은 유용한 운전 안전 정보를 오버레이할 수 있다.

이 기술을 활용하면 향후 운전자가 새트내브(Satnav)를 내려다보지 않고 운전이 가능한 자동차를 선보일 수도 있을 것이다.

〈재규어 랜드로버의 디지털 트랜스포메이션 도입 후 버추얼 윈드스크린〉

자료 : 재규어 랜드로버 유튜브

아디다스는 1993년 고임금 문제로 독일에 있던 공장을 모두 폐쇄하고 중국이나 동남아로 이전했다. 그런데 2015년 12월 9일, 아디다스 스피드 팩토리(Speed Factory)계획을 발표하며 독일로의 회귀를 선포했다. 아디다스 본사 부근인 독일 안스바흐(Ansbach)에 자리한 스피드 팩토리는 시범 가동에 들어가 2016년 9월 21일 첫 번째 신발인 아디다스 퓨처크래프트 M.F.G(Futurecraft Made for Germany)를 공개했다.

당시 생산에 투입된 인력은 단 10명이었으며, 생산된 신발은 50만 켤레였다. 스피드 팩토리에는 6대 정도의 로봇이 2개의 생산라인에 설치되어 있다. 이 중 한 라인은 신발 바닥 부분을, 다른 라인은 윗부분을 제조한다. 아디다스는 스피드 팩토리를 2017년부터 본격 가동할 계획인데, 이곳에서 근무할 직원 수는 160명이다.

무엇보다 스피드 팩토리의 핵심은 소비자 맞춤형 제조가 가능하다는 점이다. 신발끈, 깔창, 뒷굽의 색까지 수백만 가지 옵션 중에서 소비자가 원하는 것을 선택하면 5시간 안에 제품 생산이 가능

중소벤처 휴머노믹스

하다. 기존의 아디다스 공장에서 맞춤형 신발을 제작해 배송하기까지 6주가 걸리는데, 스피드 팩토리를 독일뿐만 아니라 다른 국가에도 건설한다면 신발 주문부터 배송까지 엄청난 시간이 단축돼 그만큼 경쟁에서 유리할 수밖에 없다. 향후 아디다스는 지역과 임금에 구애 받지 않는 자동화된 중소형 모델을 제시하고 미국, 일본 등으로 스마트 팩토리를 확대해 나갈 계획이다.

〈아디다스의 스피드 팩토리에서
퓨처크래프트를 생산하는 모습과 퓨처크래프트 프로토타입〉

자료 : Vaness(2015), adidas Futurecraft : The Ultimate 3D Printed
Personalized Shoe, i.materialise

　IoT의 본질은 기술에 대한 비즈니스 의존성의 수준과는 관계없이 모든 회사의 레거시 비즈니스 모델을 디지털화하는 것이다. 디지털 트랜스포메이션은 최신 디지털 기술을 바탕으로 기존 데이터를 활용하거나, 재규어 랜드로버처럼 다양한 최신 기술을 활용해 가상세계와 물리적 세계를 연결하는 등 다양한 형태로 나타나게 된다.

　따라서 디지털 트랜스포메이션은 IoT와 마찬가지로 기존의 세상에 디지털 또는 온라인 세상을 어떻게 연결시키느냐에 있다.

네트워크형 기업이 돼라

1980년대 이래 진행되어 온 협업이 지금 시기 다시 강조되어야 하는 것은 경제, 사회, 기술의 뉴패러다임(New Paradigm) 시대에 협업의 개념이 확대 발전하고 있기 때문이다. 뉴 노멀(New Normal), 제4차 산업혁명 등과 같은 경제, 사회, 기술의 대변혁시대에 접어들면서 기업들은 새로운 환경에 적응 및 생존하고 나아가 선도하기 위하여 더욱 세분화된 초연결(hyper-connect)을 시도하게 되었으며 그것이 바로 최근 변화하는 기업 네트워크의 모습이 될 것이다.

중소기업은 독자적으로 모든 역량을 확보하려하기 보다는 공유와 결합을 통해 시대적 변화에 대처해야 한다. 중소기업이 제4차 산업혁명이 요구하는 첨단 기술 즉, ICT, IoT, AI, AR, VR, Big Data, Cloud Computing, CPS, Smart Factory 그리고 물류, 기술, 자본 등의 경영자원을 모두 갖추려하기 보다는 공유와 결합을 통해 경쟁력을 확보해야 하며, 이를 통해 비용을 줄이고 생산성을 높이며 틈새시장을 개척하는 가운데 뉴패러다임 시대를 대비해야 할 것이다.

〈New Paradigm 시대에서의 「네트워크형 중소기업」 형태〉

자료 : 김상훈(2017), 제4차 산업혁명 시대 중소기업의 활로, 「네트워크형 중소기업」, 중소기업연구원

　자가발전형 초지능사회로 전환이 예상되는 가운데 정부는 프레임(frame)을 만들기보다는 기업이 자유롭게 움직일 수 있는 그라운드(ground)를 만드는데 집중할 필요가 있다. 정부는 ground에서 활용할 수 있는 자원을 연결하고 또한 ground에서 활동할 플레이어(player) 육성과 보호에 집중하는 것이 타당하다. 플랫폼(platform)을 중심으로 기업, 개인, 물류, 협업전문가, 마케팅, 정보와 기술, 아이디어, 자본, 데이터(data) 등이 모이고 결합하여 신제품ㆍ신사업 개발 신산업의 태동으로 이어지는 환경 조성이 필요하다.[52]

52) 김상훈(2017), 제4차 산업혁명 시대 중소기업의 활로, 「네트워크형 중소기업」, 중소기업연구원

무엇보다 신뢰는 네트워크 형성에서 중요한 요인이 되며, 신뢰는 네트워크를 위한 사회적 자본으로써 분업과 협력을 가능하게 하는 기초 전제가 되며, 사회문화적으로 형성되어 있는 저신뢰 상황 하에서 기업들에게 타사에 대한 신뢰 수준을 주관적 판단에 의해 결정하라고 할 수는 없는 것이며 이 문제를 제도화하고 객관화하는 것이 네트워크형 중소기업 육성과 활성화를 위한 가장 원칙적이고 핵심적인 과제가 될 것이다.

OECD에 따르면 한국 정부 신뢰도는 34개국 가운데 29위, 타인에 대한 신뢰는 35개국 가운데 23위인 것으로 나타날 정도로 한국의 저신뢰 문제는 심각하다. 결국 신뢰를 법·제도 내에서 명문화함으로써 자신과 상대 간의 신뢰 범위를 확정짓는 과정이 필요하다.

■중기부-특허청, 中小 네트워크형 기술개발 사업 151억 지원

중소벤처 기업부와 특허청이 혁신형 중소기업의 공동 연구·개발사업(R&D)을 지원한다.

중기부는 특허청과 함께 '중소기업 네트워크형 기술개발 사업'에 모두 151억 원을 지원하며 그 중 중기부가 147억 원을, 특허청이 4억 원을 부담한다.

지원대상은 혁신형 중소기업을 중심으로 3곳 이상이 모인 중소기업 협력체다.

중기부는 공동 R&D에 적합한 협력 파트너를 매칭해주고 협업과정에서 우려되는 성과배분 등의 갈등방지를 위해 협력계약서 작성 등

을 최대 6억3,000만 원을 지원한다.

또 특허청과 함께 특허 빅데이터 분석(IP-R&D)을 이용해 유망 R&D 과제를 발굴한다.

아울러 우수 특허를 확보할 수 있도록 R&D 기획 단계부터 맞춤형 특허전략 지원을 최대 7억1,000만 원까지 제공한다.

중기부 관계자는 "중소기업간의 수평적 R&D 성공가능성을 높여 고부가가치형 중소기업 육성에 기여할 것으로 기대한다"고 전했다.

자료 : 머니투데이방송 MTN 이진규 기자

http://news.mtn.co.kr/newscenter/news_viewer.mtn?gidx=20180307154
24067311

■2018년 서울시 자영업 협업화 지원사업

1. 지원대상 :

1) 아래 요건을 충족하는 서울특별시 소재 자영업자로 구성된 협업체

① 3개 이상의 자영업체가 참여할 것

② 모든 참여업체가 소상공인일 것

③ 협업 참여업체 간 기능별로 역할이 분담이 되어 있을 것

④ 참여업체 간 투자, 수익배분 등이 수평적 협업 형태의 계약으로 되어 있을 것

⑤ 협업사업계획은 참여업체 전원 동의의 방식으로 수립될 것

2) 재단이 실시한 2018년 협업사업 설명회에 참석하여 '참가확인 증'을 교부받은 협업체(※협업체 참여업체 중 1개 이상이 참석한 경우 신

청 가능)

2. 지원내용 : 위 협업사업에 소요되는 사업비의 최대 90%까지 무

   상 지원(부가가치세 제외)

3. 사업별 지원한도

대 상 사 업	신규 지원	기 지원업체 추가 지원
공동 이용시설 구축 (기계시설, 냉동창고 등)	5천만 원 이내	5천만 원 이내
공동 운영시스템 구축 (공동 구매 · 판매 · 고객관리 시스템 등)	3천만 원 이내	
공동 브랜드 개발 및 활용 (BI · CI, 포장디자인, 홍보 등)	2천만 원 이내	

〔자료〕 2018년 서울시 자영업 협업화 지원사업

원 아시아(One Asia)가 되라

신흥국의 급격한 부상과 FTA 확대 등으로 세계 경제의 글로벌 생산네트워크가 강화되고 있으며, 저성장 기조의 고착화로 국내 기반의 경쟁우위만으로는 중소기업의 생존과 성장을 담보할 수 없는 환경이 도래했다. 내수 시장에서도 외국기업과의 경쟁이 심화됨에 따라 글로벌화는 중소기업 생존에 필수요건이 되고 있으나 실행은 부진하다. 국내 중소업체 97.5%가 수출을 하지 않고

있으며 수급의존도도 82.1%에 달할 정도로 수출보다는 내수 중심의 매출 형태에 머물러 있다. 해외투자 역시 2007~2015년 사이 연평균 2.9%씩 감소하는 등 글로벌화가 지지부진한 상황이다.

수출 부진을 타계하고 저성장시대에 살아남기 위해서는 글로벌 시장 진출에 대한 인식전환을 토대로 특정 기업만이 가능하다는 고정관념부터 바꿀 필요가 있다. 즉, 글로벌 시장을 국내 시장의 대체 시장 또는 부차적인 시장으로 볼 것이 아니라 해외시장 진출은 반드시 필요하며 이를 당연시해야 한다.[53]

종업원 몇 명 있는 작은 중소기업이라서 해외시장은 엄두도 안나고, 해외 진출하는데 수반되는 비용이 부담스러워 지레 포기할 필요도 없다. 전자상거래, 파워블로거 등 인터넷을 기반으로 하는 사업 환경과 소셜미디어의 확산 등으로 거래비용이 낮아져 적은 비용으로도 해외진출이 가능하고, 다품종 소량생산이 가능한 소규모 생산체제가 오히려 경쟁력으로 작용해 수출에 성공하는 소기업들도 많기 때문이다.

해외 시장에서 특정 국가나 기업의 시장지배력이 높은 경우 우리 기업들은 보통 해당 시장 진출을 기피하거나 포기하는 경우가 많다. 그러나 이미 세계 시장이 포화 상태라 팔 곳이 없을 것이라는 생각도 고정관념이다. 기존 선두업체가 확보한 시장과는 차별화된 시장으로 진출하거나 구매채널 다양화 등 틈새시장을 공략한다면 승산이 있다.

마지막으로 급변하는 기술과 시장 특성은 반영하지 않고 해외진

---

53) 장현숙(2016), 중소기업 글로벌화 생존전략, 5대 고정관념을 버려라, 한국무역협회

출에 앞서 무턱대고 제품 개발이나 생산부터 해놓고 보는 업체들이 있다. 혹은 기존 내수 시장에서 판매하던 자사 제품을 그대로 가지고 해외 시장에 나갔다가 실패하는 경우가 많다. 고객 요구가 다양하고 기술 융·복합화 등 시장 환경이 예측할 수 없이 급변하고 있는 상황에서 이들 변화 요소가 반영된 시장 맞춤형 제품 차별화는 필수적이라 하겠다.

<중소기업의 성공적 글로벌화를 위한 제언>

자료 : 장현숙(2016), 중소기업 글로벌화 생존전략, 5대 고정관념을 버려라, 한국무역협회

■해외 시장 소프트랜딩을 위한 제언

중소기업이 해외 시장을 개척하는 것은 자칫 밑 빠진 독에 물 붓는 격이 될 수 있다. 그러나 국내 시장상황을 보면 해외 시장 개척은 필연적인 미래가 될 수 밖에 없을 것이다. 실체를 모르면 두렵기 마련이다. "두려움을 용기로 바꿀 수만 있다면…" 1,000만 관객을 돌파한 영화 '명량'에 나오는 명대사다. 대상을 바로알고 접근하면 길은 반드시 보인다. 경험에 비추어 중소기업의 해외시장 진출에 몇 가지

제언하고자 한다.

첫째, ODA 사업부터 시작하기 바란다.ODA 사업은 발주기관이나 업무 범위가 분명하다. 리스크가 거의 없다고 해도 과언이 아니다. ODA 프로젝트를 통해 방향을 잡고 차근차근 시장을 넓혀 간다면 비싼 수업료를 지불하지 않아도 될 것이다.

둘째, 팀 플레이를 하기 바란다. 대기업과 파트너십을 구성하든 전문 중소기업 끼리 컨소시움을 구성하는 방안이 있다.하나의 중소기업에서 해외진출에 필요한 시스템을 모두 갖추는 것은 무모한 투자이다. 각자 본업에 충실하고 신뢰할 수 있는 좋은 팀을 구성하면 시너지를 배가함은 물론 리스크는 분담할 수 있을 것이다.

셋째, 글로벌화가 필요하다.수출하고자 하는 제품과 서비스에 대해 국제인증을 준비하길 바란다. 아울러 조직의 운영시스템도 국제기준에 부합하도록 바꿔갈 필요가 있다. 제품인증은 소정의 비용을 지불하면 단기간에 확보가 되지만 조직원의 가치관과 업무 시스템을 바꾸는 것은 많은 시간과 비용이 필요하므로 미리미리 준비가 필요하다.

자료 : 이돈주(2015) 해외시장 진출중소기업의어려움과대처 방안, 세계와 도시 8호

| 참고문헌 |

1) 중소기업청, e-나라지표 「중소기업현황」
   http://www.index.go.kr/potal/main/EachDtlPageDetail.do?idx
   _cd=1181
2) 통계청(2015), 3월 고용동향
3) 통계청(2016), 고용형태별 근로실태
4) 중소기업학회(2017), 직장 선호도에 대한 대학생 대상 설문
5) 한국생산성본부(2015), 국내 기업들의 노동생산성 비교
6) 동아일보와 한국경제연구원(2017), 2011~2016년 기업 규모별 성
   장 추이 분석결과
7) 통계청과 관세청(2017), 기업특성별 무역통계(TEC)로 바라본 수출
   입 중소규모 기업 분석
8) 중소기업중앙회(2016), 4차 산업혁명에 대한 중소기업인식 및 대응
   조사결과
9) http://news.yonsei.or.kr
10) http://www.snu.ac.kr/SNUmedia/campus_life?bbsidx=
    79916& page=29
11) http://hankookilbo.com/v/0d41756b5b4c4fc2b5c140019d87
    c43b
12) 대통령직속 청년위원회(2016), 스타트업 근무환경 조사 결과
13) 현대경제연구소(2003), 선진기업에서 배우는 인재육성 전략
14) http://www.s-news.kr/news/articleView.html?idxno=412
15) 중소기업 포커스(2016), 중소기업 성과공유제 현황 및 정책과제
16) General Social Survey, 2014

17) 일본경제산업성, 2015

18) http://www.fnnews.com/news/201608281929019506

19) http://ww2.mynewsletter.co.kr/kcplaa/201704-2/3.pdf

20) http://www.seoulfnb.com/

21) https://jennifersoft.com/ko/

22) http://www.aceproject.co.kr/ko/home

23) http://www.innored.co.kr/

24) 미래연구 포커스(2014), 미래지향적 인재육성을 위한 대학 교육시 스템

25) 박지훈(2017), 한국형 디지털 트랜스포메이션 Digital Transformation, 매일경제(http://news.mk.co.kr/ newsRead. php?year=2017&no=671051)

26) 허은애(2018), "조직의 근본적 체질 개선 전략 구축이 관건" 한국 IDG 디지털 트랜스포메이션 2018 컨퍼런스, ITWorld (http://www.itworld.co.kr/news/109010#csidx010b85fa4d541 59874ac2cafce1434b)

27) IDC(2015), 기업의 디지털 트랜스포메이션 추세가 향후 IT 투자 이끌 전망 - 한국IDC 2016년 국내 IT 시장 10대 전망 발표 (http://www.kr.idc.asia/press/pressreleasearticle.aspx?prid= 255)

28) 박지훈(2017), 한국형 디지털 트랜스포메이션 Digital Transformation, 매일경제(http://news.mk.co.kr/newsRead. php?year=2017&no=671051)

29) 김민식 · 손가녕(2017), 제4차 산업 혁명과 디지털 트랜스포메이션 (Digital Transformation)의 이해, 정보통신정책연구원

30) 박지훈(2017), 한국형 디지털 트랜스포메이션 Digital Transformation, 매일경제(http://news.mk.co.kr/newsRead.

php?year=2017&no=671051)

31) 박지훈(2017), 한국형 디지털 트랜스포메이션 Digital Transformation, 매일경제(http://news.mk.co.kr/newsRead. php?year=2017&no=671051)

32) 박지훈(2017), 한국형 디지털 트랜스포메이션 Digital Transformation, 매일경제 (http://news.mk.co.kr/ newsRead. php?year=2017&no=671051)

33) 박지훈(2017), 한국형 디지털 트랜스포메이션 Digital Transformation, 매일경제(http://news.mk.co.kr/newsRead. php?year=2017&no=671051)

34) 김형택(2017), 2017년 IT산업 메가트렌드 : 디지털 트랜스포메이션을 향한 여정, 한국정보산업연합회

35) 한국정보산업연합회(2017), 긱 이코노미 동향과 시사점

36) 한국은행; IBK경제연구소; 한국정보산업연합회(2017), 긱 이코노미 동향과 시사점

37) http://www.zdnet.co.kr/news/news_view.asp?artice_id =20170710084652

38) 아이티동아(2016), 내 손 안의 '맞춤형 서비스' 시대가 온다, 온디맨드, 아이티동아

39) 김상훈(2017), 제4차 산업혁명 시대 중소기업의 활로, 「네트워크형 중소기업」, 중소기업연구원

40) 장현숙(2016), 중소기업 글로벌화 생존전략, 5대 고정관념을 버려라, 한국무역협회

| 그림 자료 |

· 매일경제TV(2017), 제5회 혁신성장포럼 : 중소벤처 휴머노믹스
· 통계청(2016), 고용형태별 근로실태
· e-나라지표(2015), 노동생산성 국가별 비교(OECD)
· 한국생산성본부(2014), 기업규모별 업종별 노동생산성 분석
· 통계청(2015), 무역통계
  Wikipedia(https://en.wikipedia.org/wiki/File   :
  Sistine_Chapel_ceiling_photo_2.jpg)
· 노민선(2016), 중소기업 성과공유제 활성화 방안, 중소기업연구원
· 김영한, 열정을 깨우는 부드러운 개입, 넛지리더십, 에듀푸어
· 미래연구 포커스(2014), 미래지향적 인재육성을 위한 대학 교육시스템
· 디지털리테일 컨설팅 그룹
· IT4IT(2016); 김민식 · 손가녕(2017), 제4차 산업 혁명과 디지털 트
  랜스포메이션(Digital Transformation)의 이해, 정보통신정책연구원
· 정부(2017), 2018년 경제정책방향
· 마상천(2018), 퇴직 베이비부머의 일자리 돌파구, 긱 이코노미(上),
  은행연합회
· Liyan Chen(2015), At $68 Billion Valuation, Uber Will Be
  Bigger Than GM, Ford, And Honda, Forbes
· CB Insight(2016), At Your Service : On-Demand Deals Bounce
  Back From Trough
· MGI Online Talent Platforms Model; McKinsey(2015), A labor
  market that works : connecting talent with opportunity in the
  digital age.

· Wall Street Journal; 강서진(2016), 긱 이코노미(Gig Economy)의 이해와 향후 전망, KB금융지주 경영연구소
· Stephen Rosenthal(2017), Deliveroo - The "Disruptor Disruptor" Ushering in "Digital Economy v3.0"; James Hurley(2017), Insurance offer sweetens gig for Deliveroo drivers, The Times UK
· 한국정보산업연합회(2017), 긱 이코노미 동향과 시사점
· Polly Mosendz(2014), Uber Drivers Are Fighting for Better Treatment from the Company, The Atlantic; Rebecca Smith(2015), It won't kill Uber to treat drivers like employees, Fortune
· 한국은행; IBK경제연구소; 한국정보산업연합회(2017), 긱 이코노미 동향과 시사점
· 성낙중(2017), 빅데이터, 4차산업시대 농업발전 핵심요소, 농업인신문
· 재규어 랜드로버 유튜브(https://youtu.be/c98h41TkREA)
· Vaness(2015), adidas Futurecraft : The Ultimate 3D Printed Personalized Shoe, i.materialise (https://i.materialise.com/blog/adidas-futurecraft-the-ultimate-3d-printed-personalized-shoe/)
· 김상훈(2017), 제4차 산업혁명 시대 중소기업의 활로, 「네트워크형 중소기업」, 중소기업연구원
· 장현숙(2016), 중소기업 글로벌화 생존전략, 5대 고정관념을 버려라, 한국무역협회
· 윤선훈(2018), 혁신성장의 핵심은 결국 사람과 신뢰", 아이뉴스24(http://news.inews24.com/php/news_view.php?g_serial=1080317&g_menu=022100&rrf=nv)
· 송창범(2018), [CEO칼럼] 중소벤처 혁신성장, 힘(HIM)으로 이루자 - 이정희 중소기업학회장(중앙대 경제학부 교수), 아주경제

(http://www.ajunews.com/view/20180325081617340_

- 이대영(2017). "지금의 디지털 변혁, 5년 후면 일반적인 비즈니스가 될 것" 디지털 트랜스포메이션 2017 컨퍼런스. ITWORLD.(http://www.itworld.co.kr/news/104554)
- 김경준. '격변의 패턴' 제4차 산업혁명 시대를 여는 딜로이트의 대담한 제언. 딜로이트 안진경영연구원.

- 배달의 민족 블로그 http://blog.naver.com/smartbaedal/220968454921
- HR Insight (2017) 긱 이코노미 환경에서 HR이 나아갈길. 3월호 p.42~p.44
- 제이슨프리드 & 데이빗 하이네마이어 한슨(2015) 리모트, 위키미디어
- 중소기업포커스(2017.07) 제 4차 산업혁명시대 중소기업의 활로, 네트워크형 중소기업, 제17-11호
- IBK경제연구소(2017) 중소기업 CEO를 위한 내손안의 4차 산업혁명
- 피터슈피겔(2009) 휴머노믹스, 다산북스

중소벤처 휴머노믹스

1쇄 발행일 | 2018년 06월 20일

지은이 | 이정희 · 김경준 · 서정희
펴낸이 | 정화숙
펴낸곳 | 개미

출판등록 | 제313 - 2001 - 61호 1992. 2. 18
주소 | (04175) 서울시 마포구 마포대로 12, B-127호(마포동, 한신빌딩)
전화 | (02)704 - 2546
팩스 | (02)714 - 2365
E-mail | lily12140@hanmail.net

ⓒ 이정희 · 김경준 · 서정희, 2018
ISBN 978 - 89 - 94459 - 90 - 5 03320

값 15,000원